ONE PIECE Kritzelkurs

Der junge Pirat Ruffy setzt die Segel, um das legendäre »One Piece« zu suchen. Im Verlauf seiner aufregenden Seereise gewinnt Ruffy einzigartige Freunde, und viele starke Feinde stellen sich ihm in den Weg.

Wir haben diese faszinierenden Charaktere in putzige Designs umgesetzt, die jeder ganz leicht zeichnen kann.

Versuche es selbst und spring kopfüber in das One Piece-Universum!

Inhalt

Kapitel 2 Bilder komponieren

Kapitel 3 Muster zum Nachzeichnen

Du kannst die Gesichtsausdrücke und Posen der Charaktere ganz nach Geschmack kombinieren!

Notizen oder Übungen

Tipps

Zeichne eher klein und langsam.

Wenn man groß zeichnet, geht schnell die Balance verloren, also lieber erstmal klein zeichnen, um Übung zu bekommen. Versuche wegen der feinen Details langsam zu zeichnen und nicht ungeduldig zu werden.

Die Spitze des Stifts sauber halten.

Wenn sich an der Spitze Tinte sammelt und du damit einfach loszeichnest, kann das Bild verwischen oder verschmieren, deshalb solltest du die Stifte immer abwischen, bevor du sie benutzt.

Ideen 01

Büromaterial

Verziere die Hefte oder Notizbücher, die du im Alltag benutzt, mit Zeichnungen und gib ihnen einen individuellen Look. Deinen Kalender kannst du mit Icons verschönern und aufpeppen.

ONE PIECE
ONE PIECE
ONE PIECE
2015
10
October
octobre
ottobre
octubre
Oktober
Monday
Tuesday
Wednesday
Thursday
Friday
Saturday
Sunday
Kostümparty, Thema »Zusammengeflickte Menschen«
1 M-chan Geburtstag
2 Mädelstreffen mit Freundinnen aus der Oberschule ab 17:30
3
4 Kino Ich freu mich
6 Angst
Zahnarzt 19:30
7 Präsentationsvorbereitung Check Fight!
8 Präsentation bei Firma S Tschacka!
9 Karaoke mit den gleichaltrigen KollegInnen
10 Pfannkuchen mit A-chan bei Bills 2:00
11
12 Date in Omotesando
13
14 Meeting Firma B ab 13:00
Sollte klappen!
15
16
17 mit S-chan nach Daikanyama, Schuhe kaufen!
18 CUT
Cut & Color ab 11:00 Termin bei I-san
Kostümparty Am 31. ab 6:00
19
20 English Conversation ab 18:00
21
22
23 Gehalt
24 Date in Odaiba ♪
25 Bei Hands Verkleidung kaufen mit M-chan 11:00
26
27 Präsentation bei Firma A ab 10:00
28
29
30
31 Halloween-Party Treffen in Shibuya 18:00 abends
Präsentation bei Firma A
- Unterlagen für 5 Personen
- Mitbringsel besorgen
- Im Winner-Anzug!!
ab 21:00 Treffen mit den Senpais Halloween-Sweets mitbringen

Ideen 02

Alben

Du kannst deine Fotos mit niedlichen Zeichnungen versehen und deine Erinnerungen fröhlich dekorieren. Dadurch wirst du sie definitiv noch stärker in deinem Herzen behalten.

Briefpapier, Grußkarten

Wenn du jemandem, der dir wichtig ist, einen Brief schreibst, um ihm deine Gefühle mitzuteilen, kannst du deinen Lieblingscharakter auswählen und zum Inhalt passende Bilder zeichnen.

Ideen 03

Ideen 04

Etiketten, Namensschilder

Ein schön gezeichnetes Etikett reicht schon aus, um Dingen ganz schnell einen individuellen Touch zu verleihen. Neben den Namen oder die Botschaft kannst du deinen Lieblingscharakter zeichnen.

KAPITEL 1

CHARAKTERE ZEICHNEN

Ruffy

Der muntere Käpt'n der Strohhutbande

Lektion 1

Ruffys Imagefarbe ist Rot. Wenn du seine Jacke und das Band um den Strohhut rot zeichnest, kannst du damit einen guten Effekt erzielen.

Wenn du einen gelben Stift hast, kannst du den Hut damit ausmalen - sieht niedlich aus!

Die Hutkrempe verengen und an der Seite breiter zeichnen.

Vergiss die Narbe nicht, wenn man seine Brust sieht.

Die Schärpe kannst du auch gelb ausmalen.

Zeichne die Sandalen nur mit Linien.

Der Saum der Hosen sollte flauschig aussehen.

Das Gesicht

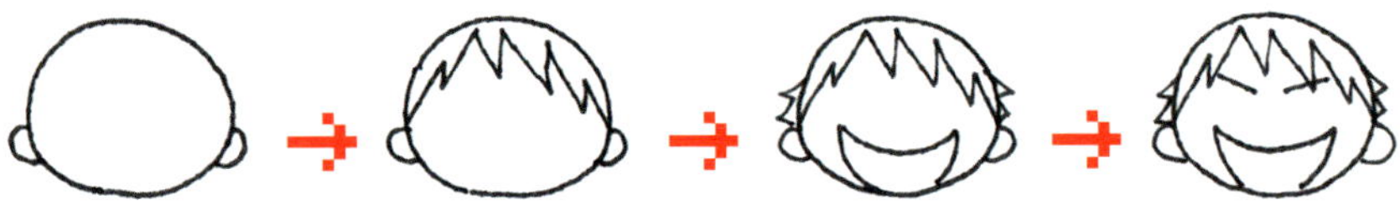

Zeichne ein Oval und ziemlich weit unten die Ohren.

Oben auf dem Oval beginnen etwa ab einem Drittel die Haare in Richtung der Ohren.

Vergiss die Haare nicht, die unter dem Hut hervorsehen.

Der lachende Mund nimmt etwa die Hälfte des Gesichts ein.

Zeichne die Augenbrauen.

Die Augen neigen zum Einwärtsschielen. Denk an die Narbe unter dem linken Auge.

Zeichne mit Orange den Strohhut und mit Rot das Hutband.

Wenn du den Hut mit einem gelben Stift ausmalst, ist das ein schöner Akzent.

Der Körper

Du beginnst mit
dem Gesicht.

Der Körper ist schmaler
als der Kopf, und die Knöpfe
sind ziemlich groß.

Füge die Arme und die
Narbe auf der Brust hinzu.

Die Hand, die du betonen
willst, zeichnest du groß.

Die Beine sind etwa gleich
lang wie der Körper.

Ausmalen, und fertig.

Gesichtsausdrücke

Wenn der Mund weit aufgesperrt ist,
fängst du mit dem Mund an.

Funkel

ahnungslos tun

lautes Lachen

grimmig dreinschauen

ohne Hut

Verschiedene Posen

Indem du Ruffys Arme und Beine verschieden lang zeichnest, hauchst du ihm Leben ein.

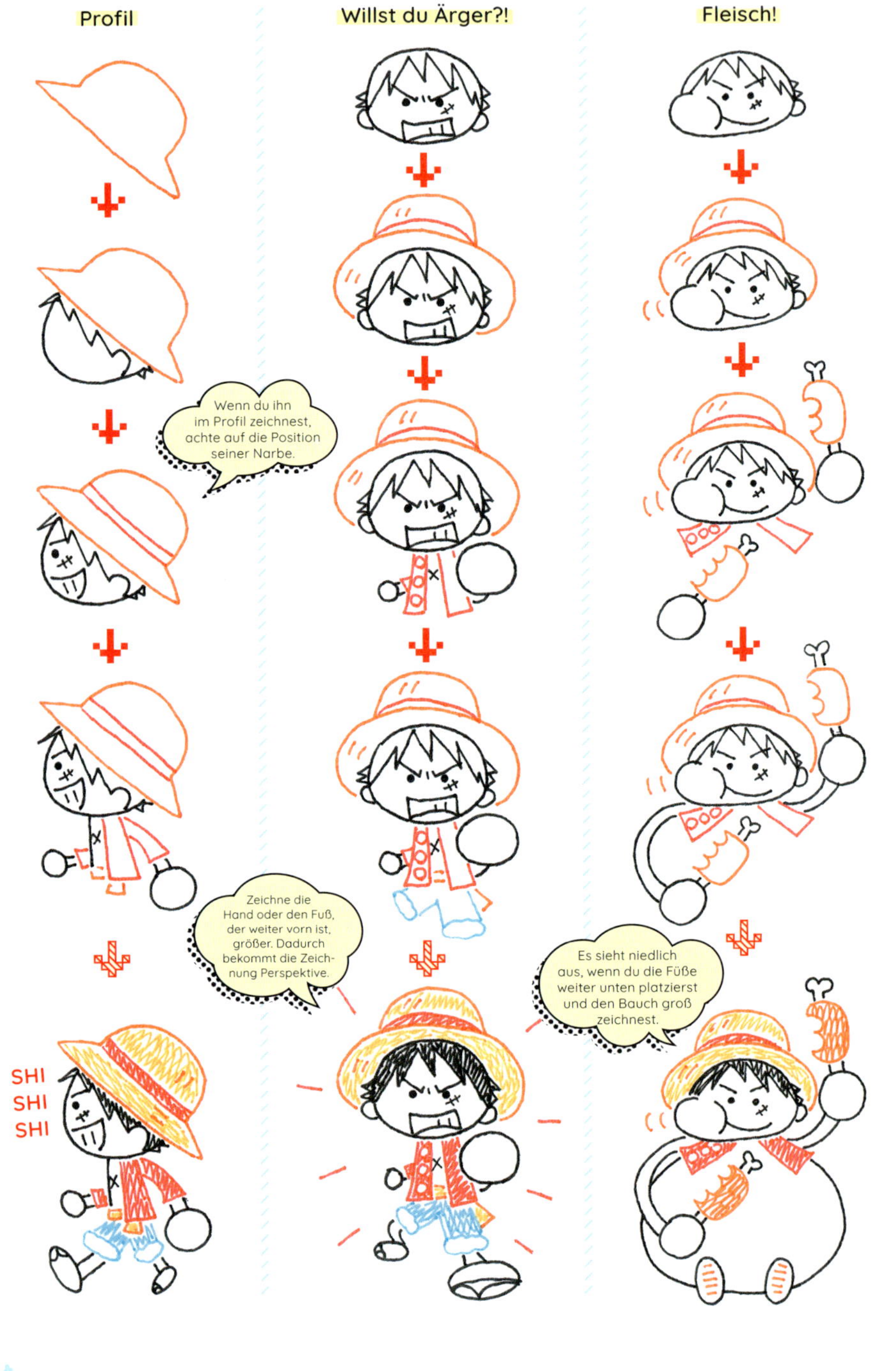

Hurra!

Du kannst die Fäuste auch noch weiter oben oder die Hände ausgestreckt zeichnen.

Gum-Gum-Gatling!

Die Zeichnung wirkt dynamischer, wenn du die Größe der Fäuste variierst.

Jump

Lege die Position von Armen und Beinen fest und achte beim Zeichnen des Rumpfs auf die Balance.

Zorro

Der starke und kühne Drei-Schwerter-Stil-Kämpfer

Lektion 2

Zorros Imagefarbe ist Grün. Da seine Haare und seine Kleidung grün sind, kannst du mit einer violetten Schärpe deine Zeichnung aufpeppen.

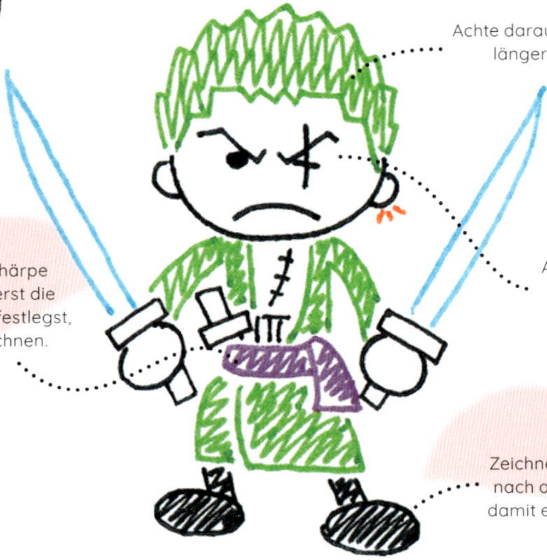

Achte darauf, dass die Rauten länger als breit sind.

Die Narbe ist am linken Auge. Wenn Braue und Auge sich berühren, wirkt er besonders unerschrocken.

Wenn du erst die Schärpe zeichnest und dann erst die Position des Schwerts festlegst, ist es leichter zu zeichnen.

Zeichne die Fußspitzen nach außen gerichtet, damit er o-beinig steht.

Das Gesicht

Zeichne die Kinnlinie von den Ohren ausgehend.

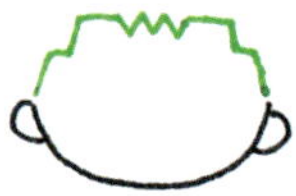

Nachdem du drei Zacken in die Mitte gezeichnet hast, kommen die gezackten Linien an den Seiten.

Für den gezackten Kopf stell dir ein Oval vor.

Füge den Augenbrauen noch einen Winkel hinzu, das wirkt verwegen.

Das rechte Auge ist oval, das linke ein Strich.

Zieh eine Linie durch das linke Auge und zeichne so die Narbe. Beim Mund stell dir das Hiragana »he«* vor.

Das Ohr bekommt drei Ohrringe.

Jetzt noch die Haare grün ausmalen - fertig.

*へ

Der Körper

Du beginnst mit dem Gesicht.

Wenn du den Kimonoausschnitt und die Schultern gezeichnet hast, fügst du die Narbe auf der Brust und die Bauchbinde hinzu.

Die Hände zeichnest du etwas unterhalb der Armlinien und fügst dann die Schwertgriffe hinzu.

Zeichne die Schärpe, dann den Kimono und danach die Beine.

Wenn du die Schwertklingen mit Hellblau zeichnest, wirken sie besonders echt.

Ausmalen, und fertig.

Gesichtsausdrücke

Bei Zorro sollte der Mund eher lang als breit sein, die Augen fallen außen leicht nach unten ab.

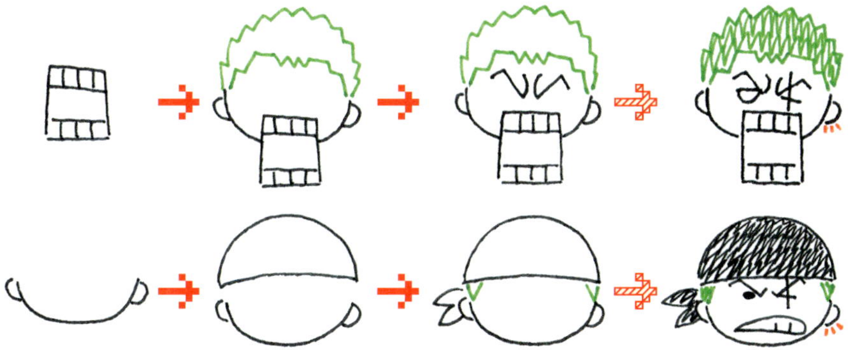

wütend

grimmig

Lachen

Grinsen

Verschiedene Posen

Wähle für Zorro heldenhafte Posen und zeichne ihn cool.

Drei-Schwerter-Stil | **Pause** | **Abschlusspose**

Bandana-Style

Zeichne erst das Bandana und dann das Gesicht. Vergiss nicht, ein paar Haare herauschauen zu lassen.

Kampfbereit

Stell dir bei der Kinnlinie ein leicht abgeflachtes Hiragana »shi«* vor.

*し

Wenn du die Bewegung der Hand darstellen willst, lege erst die Position der Hand fest.

Profil

Hast du dich verlaufen?

Nami

Die süße Navigatorin, die Geld über alles liebt

Lektion 3

Namis Imagefarbe ist Orange. Mit einer etwas breiteren Stirn und langen Wimpern wirkt sie besonders reizend. Wenn du sie in Bewegung darstellen willst, zeichne entschlossen.

Das Gesicht

Zeichne das Kinn und lass dabei zwischen Ohr und Gesicht etwas Platz.

Zeichne die Haare mit Orange.

Achte darauf, dass der Kopf eine ovale Form bekommt.

Zeichne direkt unter dem Pony energisch die Brauen.

Die Augen sind vertikale Ellipsen und werden nicht ausgemalt.

Drei ziemlich lange Wimpern.

Zeichne den Mund mit Rot. Es sieht niedlich aus, wenn er ziemlich klein ist.

Male die Haare orange aus, und fertig.

Der Körper

Beginne mit dem Gesicht.

Die Brüste sehen wie zwei Feigen aus. Zeichne je zwei horizontale Linien ein.

Zeichne die Hände und die Taille.

Vergiss nicht den Log Port an der linken Hand.

Zeichne die Hose mit Hellblau, die Sandalen mit Orange und füge einen schwarzen Gürtel hinzu.

Ausmalen, und fertig.

Gesichtsausdrücke

Male ihre Haare orange aus und zeichne ausdrucksvolle Gesichtsausdrücke.

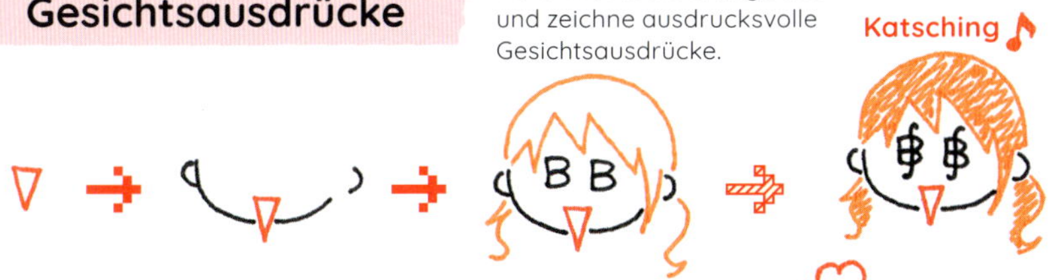

Zwinkern

traurig

hinterlistig

Pferdeschwanz

Verschiedene Posen

Trau dich ruhig und zeichne die quirlige Nami in Bewegung, so wie es zu ihr passt.

Mandarine | Klima-Taktstock | Kampfbereit

Profil | **Los geht's!** | **Thunder Bolt Tempo**

Lysop

Der meisterhafte Scharfschütze mit der charakteristischen langen Nase

Lektion 4

Lysops Imagefarbe ist Gelb. Zeichne die Umrisse der Hose mit Orange und male sie dann gelb aus.

Stell dir beim Zeichnen eine umgedrehte Tulpe vor.

Die Nase zeichnest du gerade so lang, dass sie nicht unter der Krempe des Huts herausschaut.

Hier zeichnest du drei blaue Linien.

Wenn du bis zu den Knöcheln alles braun ausmalst, sieht es aus wie Boots.

Das Gesicht

Zeichne den Hut mit Orange.

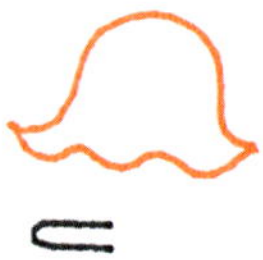

Zeichne die Nase.

Der Umriss ist ein längliches Oval. Für den Kinnbart zeichnest du einen Halbkreis und malst ihn aus.

Als Nächstes die Augenbrauen.

Für die Augen zeichnest du erst zwei Kreise, machst dann in die Mitte einen Punkt und fügst unten je zwei Wimpern hinzu.

Die Lippen sehen aus wie Würste.

Zeichne die Kopfhörer auf seinen Ohren.

Zum Schluss zeichnest du seine wuscheligen Haare – und fertig.

Der Körper

Beginne mit dem Gesicht.

Mit Rot zeichnest du die Schutzbrille und die Hosenträger.

Zeichne die Hose und den Rumpf ungefähr gleich lang. Vergiss die Tasche nicht.

Erst die Hände zeichnen, dann die Arme.

Zeichne die Füße.

Ausmalen, und fertig.

Gesichtsausdrücke

Bei Sogeking zeichnest du zuerst die Umrisse mit Orange und malst dann mit Gelb und Hellblau aus.

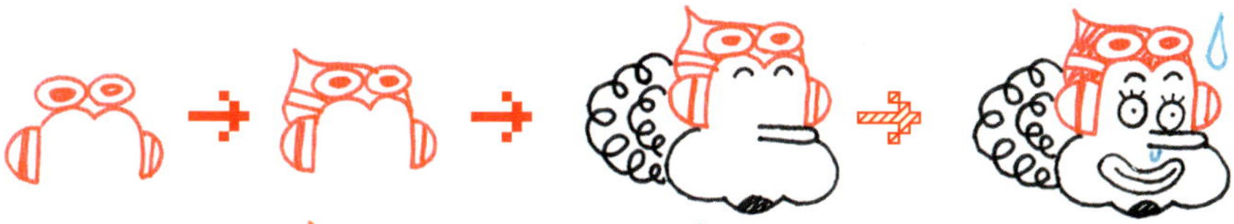

Lächeln

Wut

Profil

mit Schutzbrille

Verschiedene Posen

Übertriebene Gesichtsausdrücke sind typisch für Lysop.

Scharfschütze!

Mit dem Finger zeigen

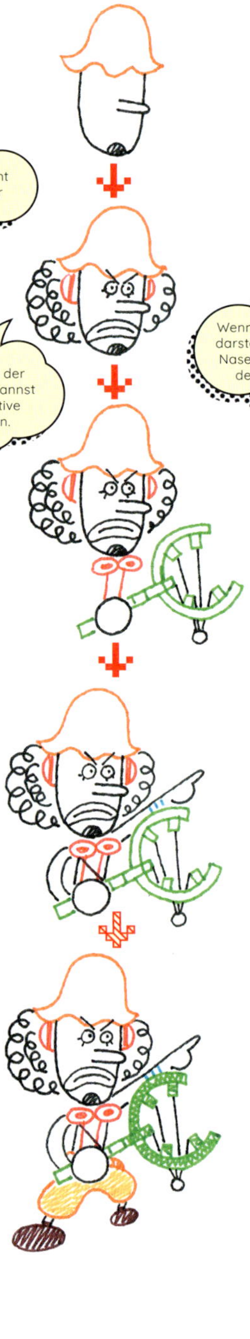

Profil

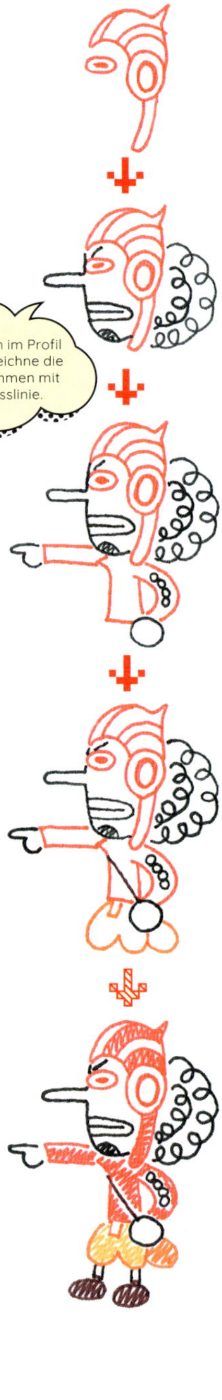

Erschrocken!

Du erzielst eine große Wirkung, wenn du die Augen und die Zunge krass hervortreten lässt.

Hurra

Zeichne den lachenden Mund ziemlich groß und parallel zum Gesichtsumriss.

Sogeking

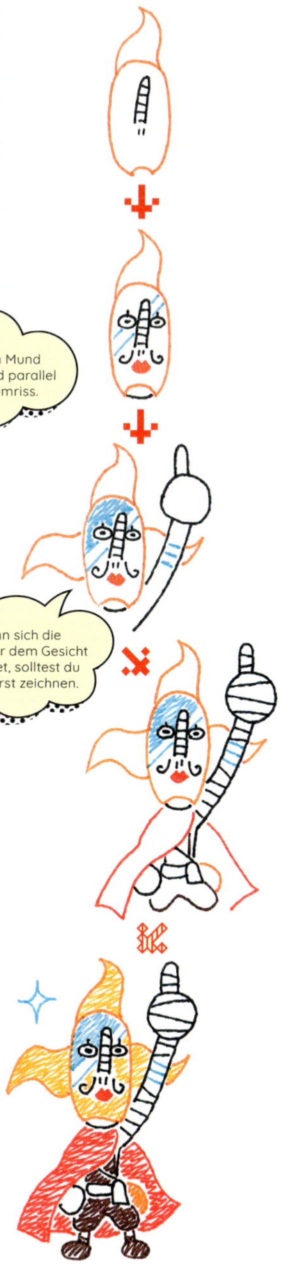

Wenn sich die Hand vor dem Gesicht befindet, solltest du sie zuerst zeichnen.

Sanji

Der erstklassige Koch mit den fantastischen Beintechniken

Lektion 5

Sanjis Imagefarbe ist Blau. Zeichne ihn mit klaren Farben: Die Haare gelb, den Anzug blau.

Damit die Augenbraue genau hineinpasst, muss du bei seinem Seitenscheitel genügend Platz lassen.

Wenn du für die Umrisse der Haare auch Gelb verwendest, werden sie zu undeutlich, deshalb nimmst du dafür besser Orange.

Du kannst auch variieren und ein Weinglas etc. zeichnen!

Achte darauf, die Fußspitzen nach außen zu richten, damit er o-beinig aussieht.

Das Gesicht

Teile die Haare so, dass das linke Auge zu sehen ist.

Beginne etwas oberhalb des Scheitels und zeichne im Bogen bis zu den Haarspitzen.

Zeichne den Mund etwas weiter oben als die Haarspitzen.

Stecke ihm eine Zigarette in den Mund.

Füge die Kinnlinie hinzu und zeichne die gekringelte Braue.

Unter die Braue kommt ein rundes Auge.

Für den Bart zeichnest du ein Dreieck ans Kinn und malst ein paar schwarze Punkte über den Mund.

Die Haare gelb ausmalen – fertig.

Der Körper

Beginne mit
dem Gesicht.

Zeichne die Hand mit dem Tablett
und mit Orange den Kragen.

Zeichne die Körperumrisse.
Für die Anzugknöpfe zeichnest
du sechs große Kreise.

Füge Orangensaft
und eine Orangen-
scheibe hinzu.

Zeichne die Beine
und die Schuhe.

Ausmalen, und fertig.

Gesichtsausdrücke

Mal verliebt, mal stinkwütend...
zeichne Sanji mit ausdrucksvollen
Gesichtsausdrücken.

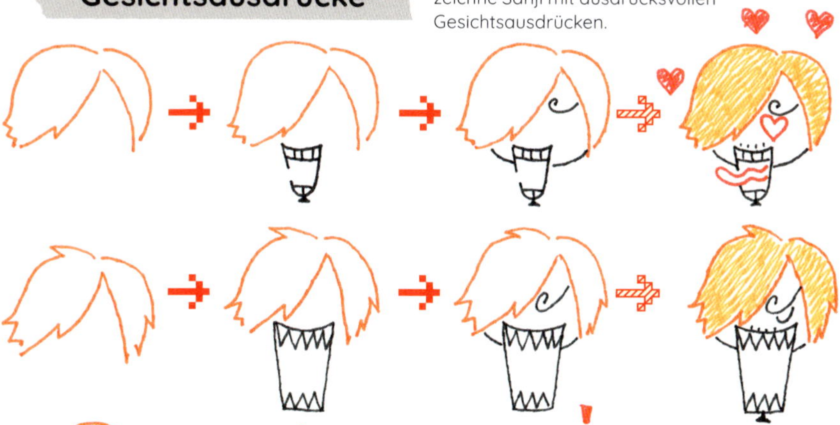

Wut

Lachen

Hm!

Hähäää

Verschiedene Posen

Affektierte Posen sind typisch für Sanji.

Profil | Kick | Mit einer Flasche

Blick nach oben | Laufen | Bedienung der Damen

Chopper

Der schnuckelige zuverlässige Schiffsarzt

Lektion 6

Choppers Imagefarbe ist Pink. Der Trick ist, den Körper kleiner zu zeichnen als den Kopf, damit er süß aussieht.

Nachdem du die Umrisse des Gesichts gezeichnet hast, bestimmst du die Position der Nase und zeichnest sie mit Hellblau.

Die Gesichtsfläche ist eher klein und leicht pausbäckig.

Durch die Hufe sieht man, dass er ein Tier ist.

Achte darauf, dass der Körper nicht über die Breite des Kopfes hinausgeht.

Das Gesicht

Zeichne den Mützenschirm.

Zeichne das Kinn mit Braun, sodass es wie ein Sushi aussieht.

In die Mitte kommt das Kreuz, drumherum ein Kreis.

Mit Hellblau zeichnest du die Nase und die äußeren Umrisse der Mütze.

Ohren und Geweih sind braun. Das Geweih ist außen größer.

Die kreisrunden Augen liegen auf der Grenzlinie eines Drittels des Gesichts.

Der lachende Mund wird braun gezeichnet und eher klein.

Es sieht hübsch aus, wenn du das Geweih mit Orange ausmalst.

Der Körper

Beginne mit dem Gesicht.

Zeichne vier Striche mit Orange.

Verbinde sie mit einem Halbkreis, dann ist der Körper fertig.

Zeichne die Hufe mit Braun wie ein Kirschblütenblatt.

Auf die Unterseite des Hufs machst du zwei Punkte.

Ausmalen, und fertig.

Gesichtsausdrücke

Achte gut auf die Balance zwischen den einzelnen Teilen des Gesichts, damit Chopper richtig süß aussieht.

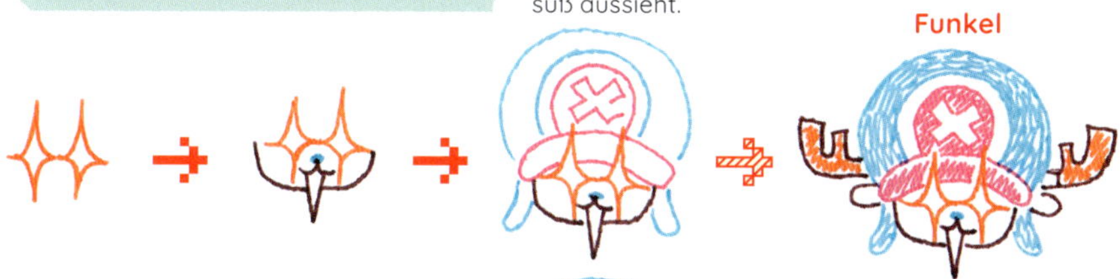

gut gelaunt

Lachen

erstaunt

vor zwei Jahren

Verschiedene Posen

Vergiss nicht, den Körper kleiner zu zeichnen als den Kopf.

Spähen | Rumble Ball | Zuckerwatte

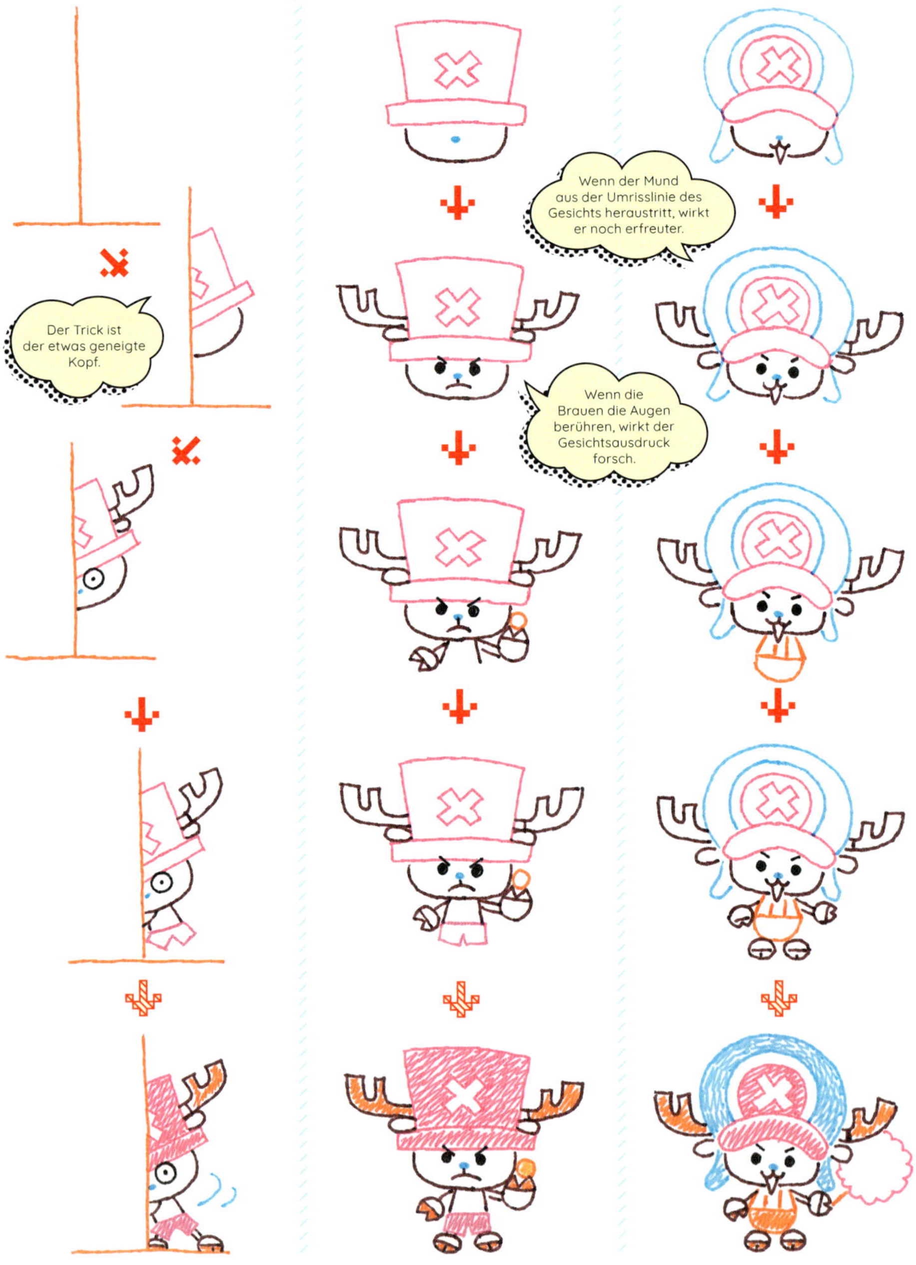

vor zwei Jahren

vor zwei Jahren

Mensch-Form

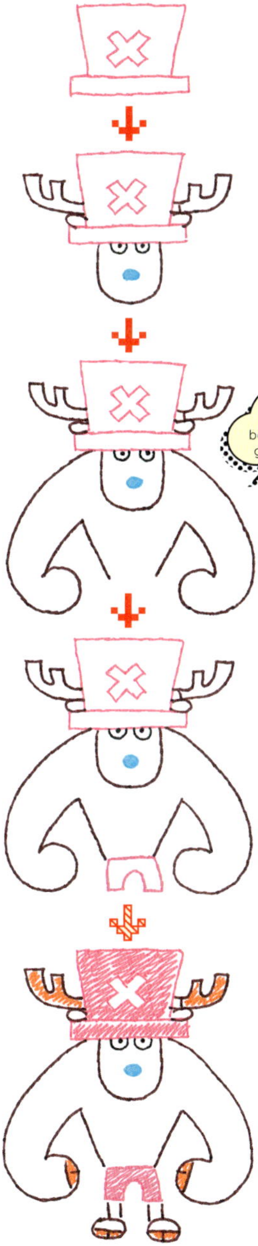

Er ist sehr muskulös, deshalb beginnen die Schultern gleich unter dem Hut.

vor zwei Jahren

Erschrocken

Da der Körper zur Seite geneigt ist, musst du auf die Position der Hände achten.

Peace!

Wenn du den vorderen Fuß größer zeichnest, wirkt die Pose lebhafter.

Robin

Die Archäologin ist eine coole Schönheit

Lektion 7

Robis Imagefarbe ist Violett. Wenn du die einzelnen Teile des Gesichts etwas unterhalb der Mitte zeichnest, sieht sie besonders reizend aus.

Das Gesicht

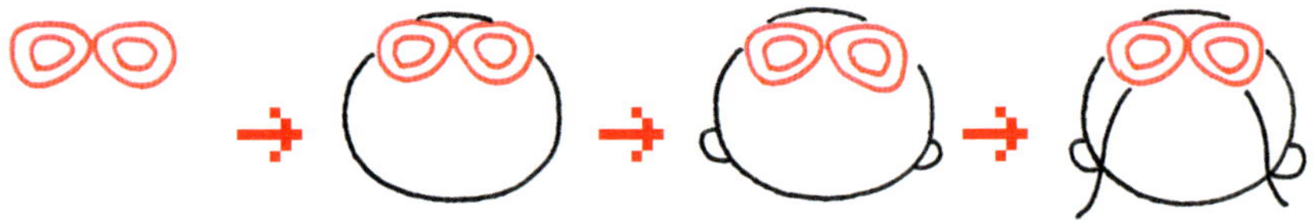

Zeichne mit Rot die Sonnenbrille.

Zeichne ein Oval, aus dem die Sonnenbrille oben ein bisschen heraussteht.

Die Ohren liegen ziemlich weit unterhalb der Kopfmitte.

Zeichne zwei Linien von der Sonnenbrille bis unter die Ohren.

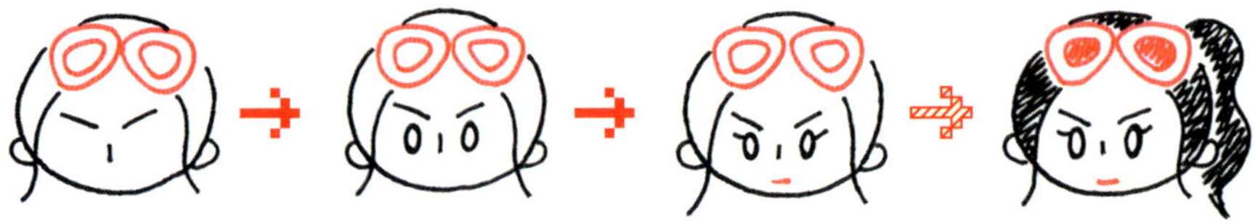

Danach die Brauen und die Nase.

Zeichne zwei längliche Kreise und lass sie innen weiß.

Füge Wimpern hinzu und zeichne mit Rot einen kleinen Mund.

Zuletzt die Haare. Ausmalen, und fertig.

Der Körper

Beginne mit dem Gesicht.

Zeiche mit Violett die Träger ihres Kleids.

Für die Brust zeichnest du eine nach unten gerichtete 3, den Rock wie ein auf den Kopf gestelltes Goldfischglas.

Zeichne Arme und Hände.

Danach die Beine und die Stiefel.

Ausmalen, und fertig.

Gesichtsausdrücke

Robin ist immer cool. Achte darauf, ihren Gesichtsausdruck nicht zu stark zu verändern.

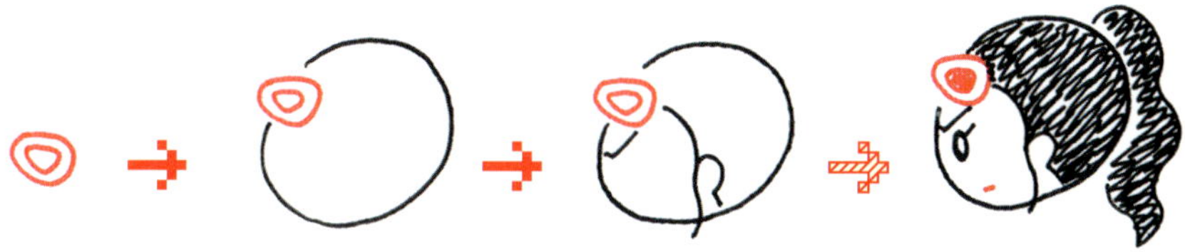

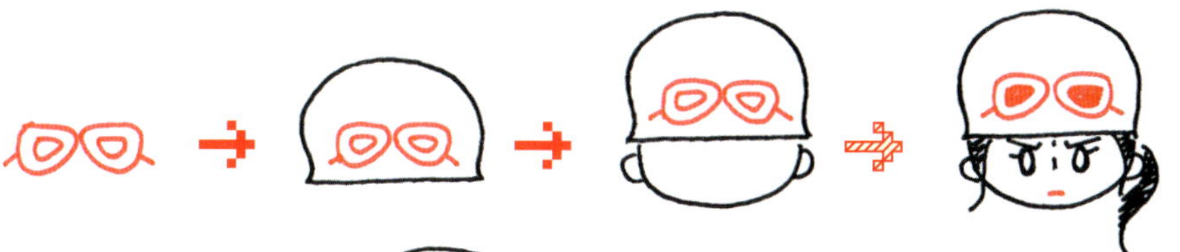

Lächeln

Wut

Stress

Angewidert

Verschiedene Posen

Da Robin immer cool ist, kannst du bei ihr statt des Gesichtsausdrucks die Frisur variieren.

Zwinkern

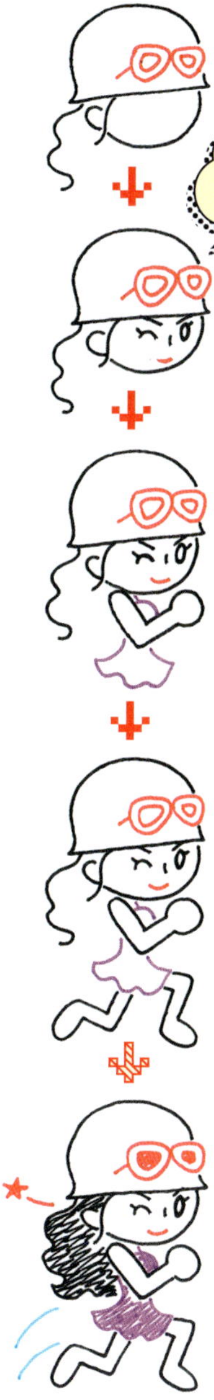

Das zwinkernde Auge zeichnest du wie ein lachendes Auge mit einer Wimper.

Stehend

Zeichne auch das Muster der Kleidung sehr sorgfältig.

Die Beine sind ein wenig gebeugt. Stell dir beim Zeichnen das Hiragana »ku«* vor.

Die Kraft der Flora-Flora-Frucht

*く

Frankie

Der modifizierte Mensch (Cyborg) und Schiffszimmermann

Lektion 8

Frankies Imagefarbe ist Hellblau. Damit er wie ein Cyborg aussieht, setzt du ihn aus geometrischen Formen zusammen.

Das Gesicht

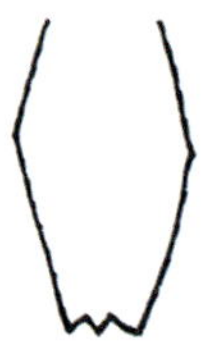

Zeichne die länglichen Umrisse und ein dreiteiliges Kinn.

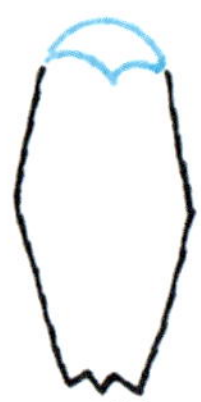

Mit Hellblau zeichnest du den runden Kopf.

Füge an den Seiten die Koteletten hinzu.

Zeichne die Augenbrauen und zwei vertikale Falten.

Direkt unterhalb der Augenbrauen kommt die graue Nase.

Zeichne runde Augen.

Unter die Augen je zwei Wimpern.

Für die Zähne zeichnest du drei Striche in den Mund.

Der Körper

Beginne mit dem Gesicht.

Zeichne den Slip als auf dem Kopf stehendes Dreieck und die Narben.

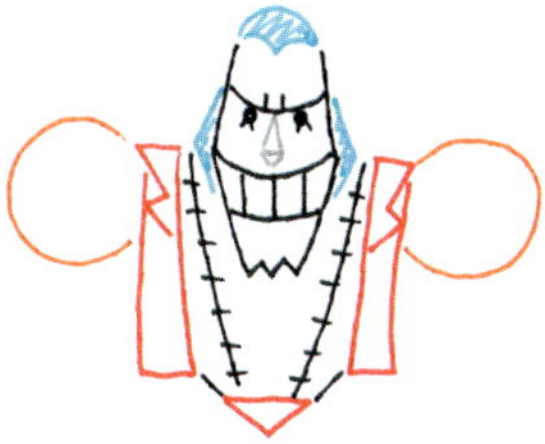

Füge an den Seiten seines Hemds zwei orangefarbene runde Teile hinzu.

Zeichne mit Hellblau zwei Halbkreise und zwei Rechtecke sowie zwei pinkfarbene Kreise.

Zum Schluss zeichnest du die Beine. Nimm Grau für die Knie.

Ausmalen, und fertig.

Gesichtsausdrücke

Da sich in Frankies Gesicht nicht viel verändert, kannst du seine Frisur variieren.

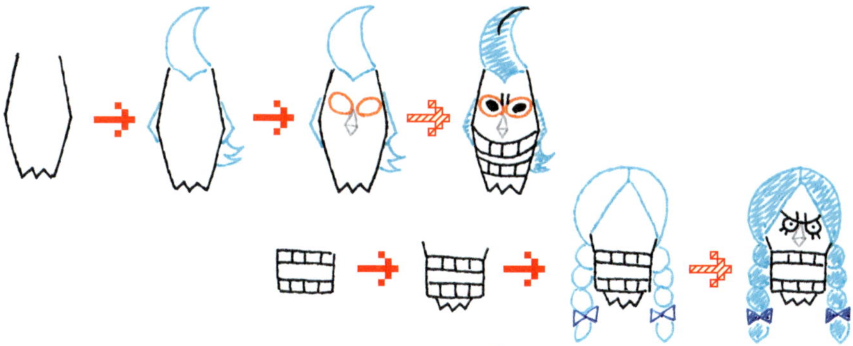

Afro

Tränen

Hirschkäferfrisur

Roboter-Drillbohrer-Frisur

Verschiedene Posen

Zeichne den Oberkörper sehr groß, das gibt Frankie ein massiges Aussehen.

In Kampfbereitschaft

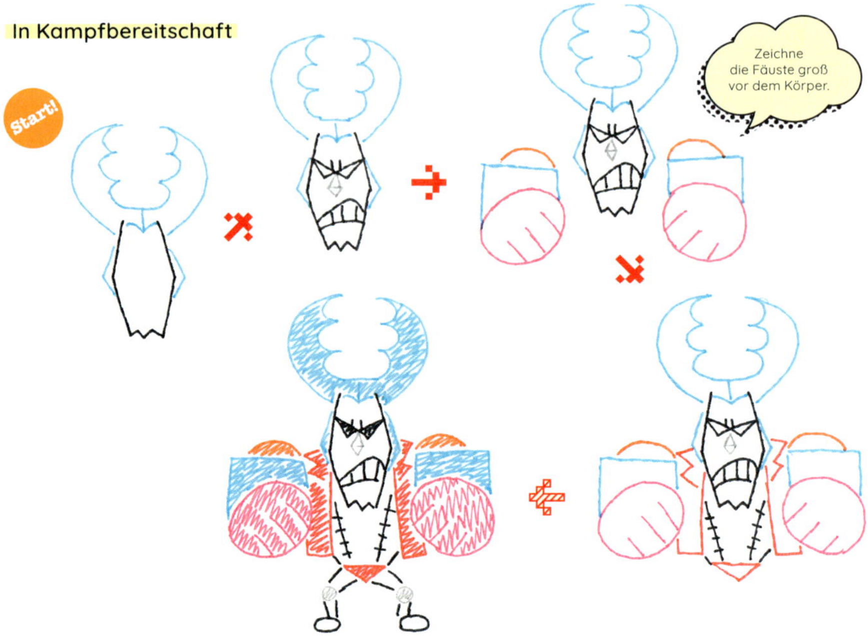

Abschlusspose

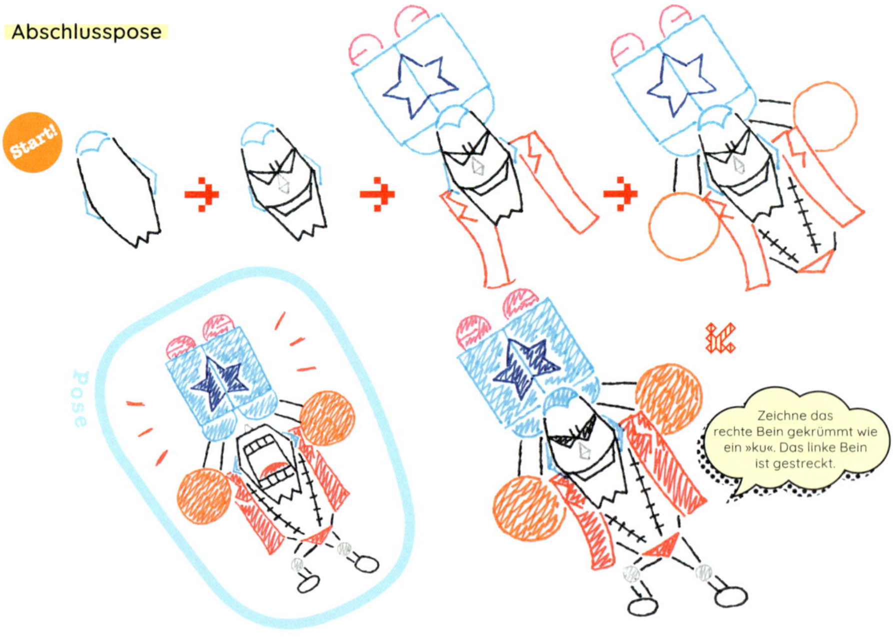

Schmalztolle

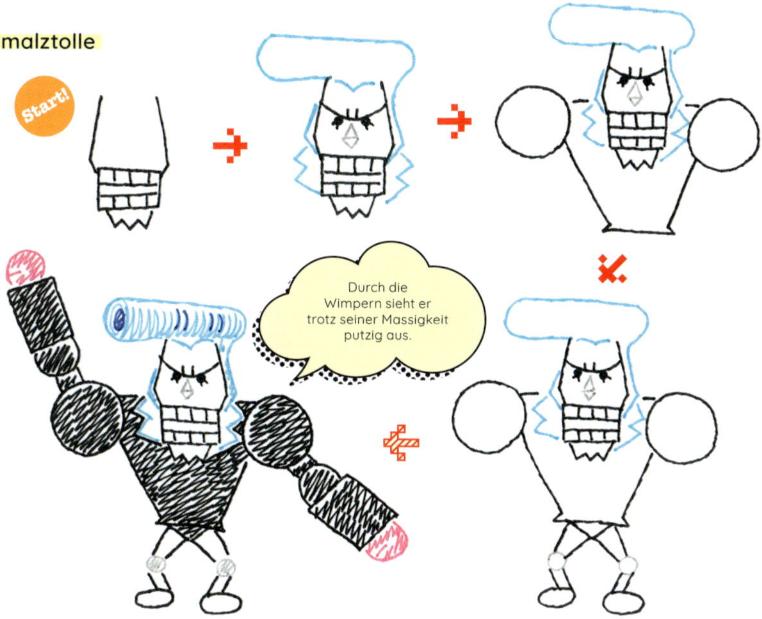

Geflochtene Zöpfe

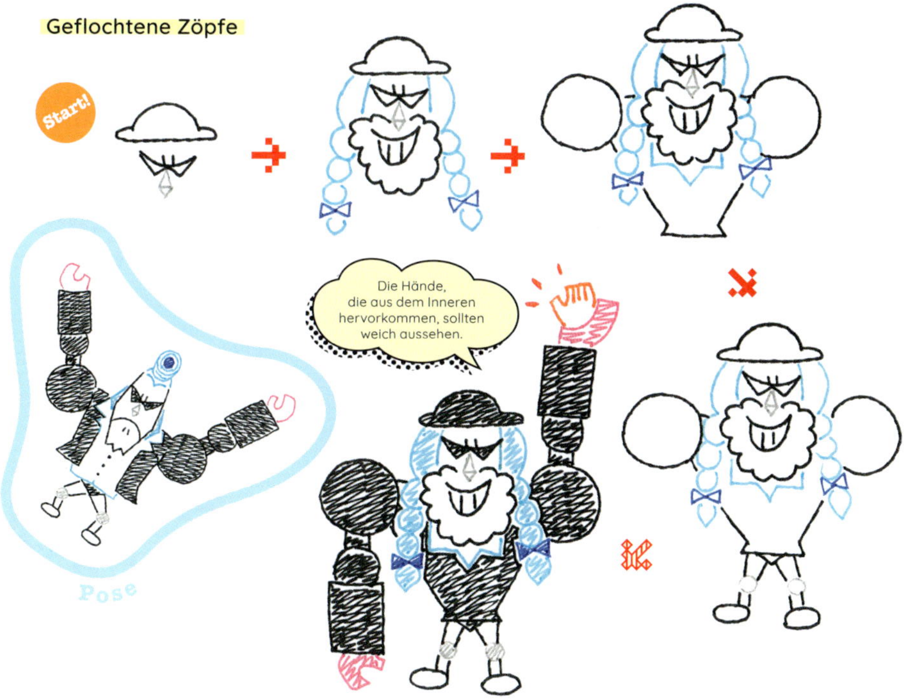

Brook

Der fröhliche Musiker mit dem Afro

Lektion 9

Brooks Imagefarben sind Schwarz und Weiß. Da er ein Skelett ist, kannst du seinen Körper einfach mit Strichen zeichnen und dabei verschiedene Bewegungen ausprobieren.

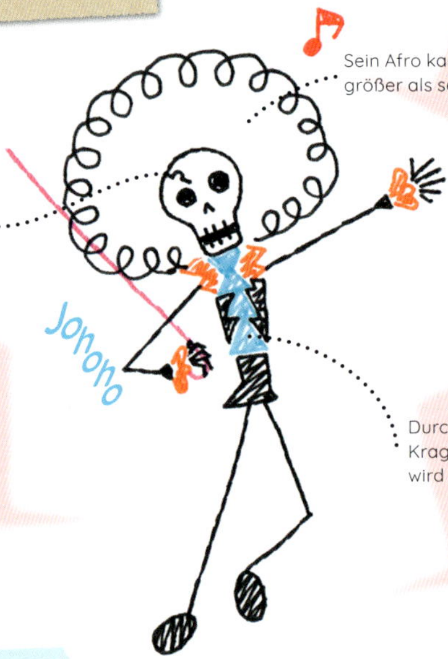

Sein Afro kann übertrieben viel größer als sein Gesicht sein.

Mit einem Riss im Schädel wirkt er noch mehr wie ein Skelett.

Durch den orangefarbenen Kragen und die hellblaue Schleife wird die Zeichnung farbenfroher.

Das Gesicht

Zeichne eine Glühbirne.

Der Mund ist ein breiter horizontaler Strich.

Für die Zähne fügst du vertikale dünne Striche hinzu.

Die Nase ist ein umgedrehtes V.

Zeichne zwei größere Kreise als Augen und male sie aus.

Füge den Riss hinzu.

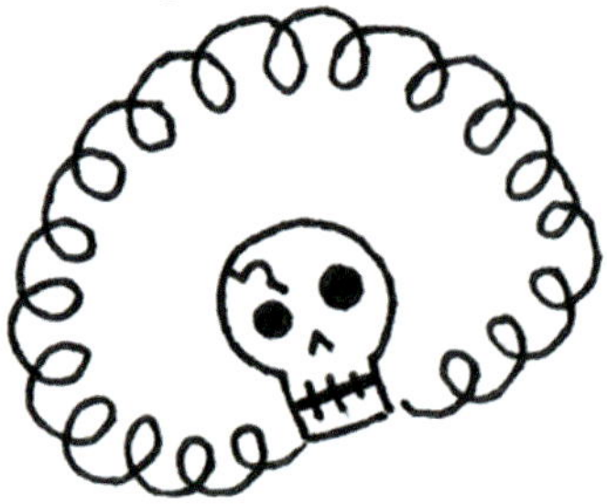

Zeichne vom Kinn ausgehend mit viel Schwung seinen Afro.

Der Körper

Beginne mit dem Gesicht.

Zeichne mit Orange den Kragen und mit Hellblau Dreiecke für die Schleife.

Nimm Schwarz für die Jacke und fasse die Schleife ebenfalls schwarz ein.

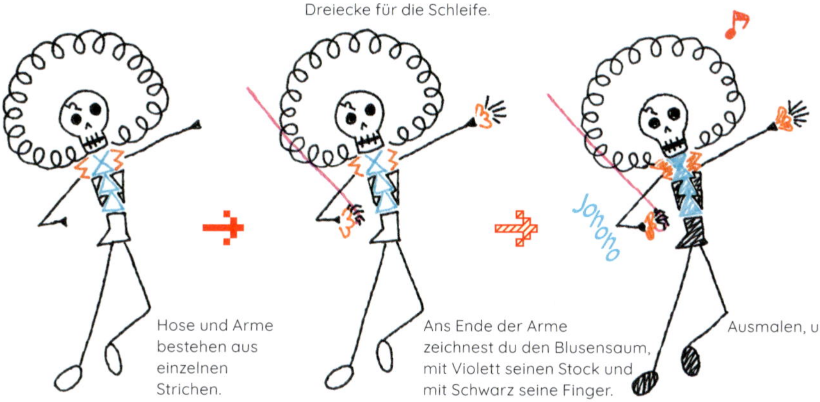

Hose und Arme bestehen aus einzelnen Strichen.

Ans Ende der Arme zeichnest du den Blusensaum, mit Violett seinen Stock und mit Schwarz seine Finger.

Ausmalen, und fertig.

Gesichtsausdrücke

Verändere Brooks Gesichtsausdruck durch den Mund und die Augen.

Heulen

Nasebohren

Wut

Grüßen

Verschiedene Posen

Du kannst mit seinem Hosen-Style spielen, indem du seine Beine farbig zeichnest.

Mit Federboa

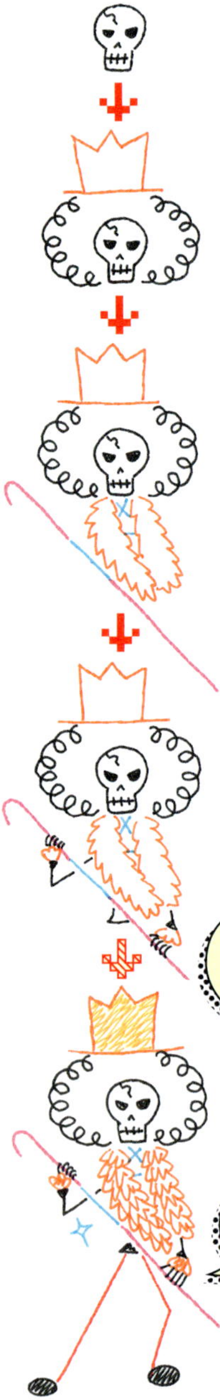

Erstaunen

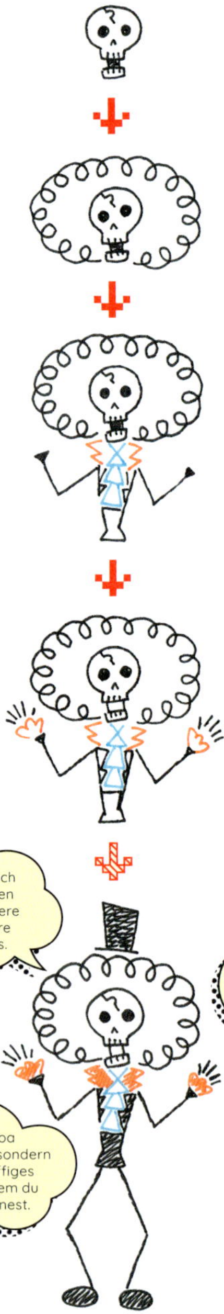

Performance

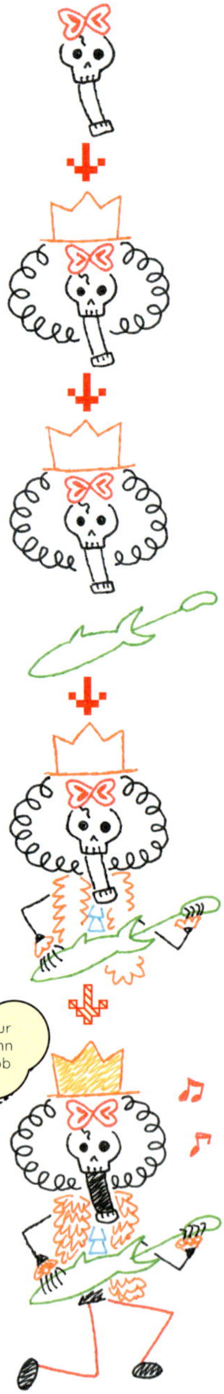

Wenn du ihn noch witziger zeichnen möchtest, probiere mal eine andere Haarfarbe aus.

Male die Boa nicht ganz aus, sondern gib ihr ein fluffiges Aussehen, indem du Federn zeichnest.

Zeichne das Kinn etwas zur Seite geneigt, dann sieht es aus, als ob er singt.

Jump

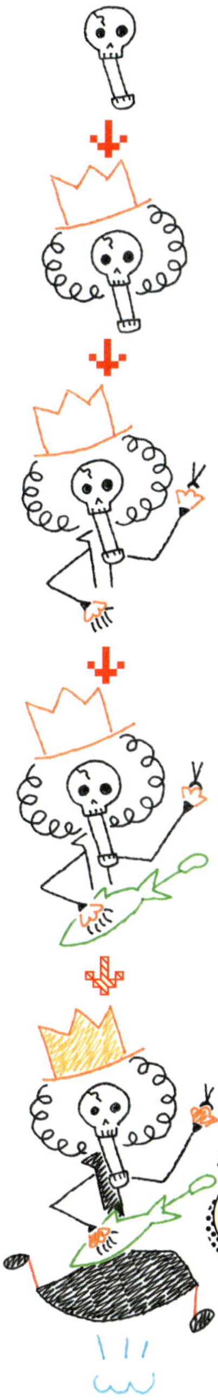

Mit runden Augen sieht er niedlich, mit schrägen Augen männlich aus.

In Kampfbereitschaft

Wenn du den Degen zeichnen möchtest, der sich in dem Stock befindet, dann nimm dafür Hellblau.

Geist

Zeichne grüne Linien zwischen Kopf und Rumpf. Die Position des Kopfes kannst du frei bestimmen.

Für Fortgeschrittene

Die Strohhutbande

Wenn du schon ein bisschen Übung hast, kannst du dich an der nächsthöheren Stufe versuchen! Der entscheidende Punkt sind die Augen.

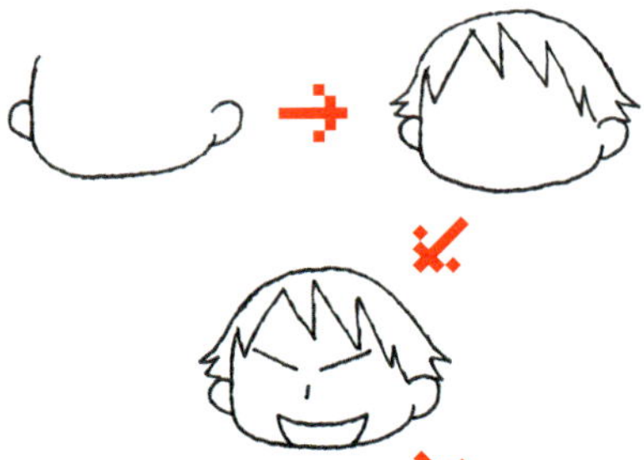

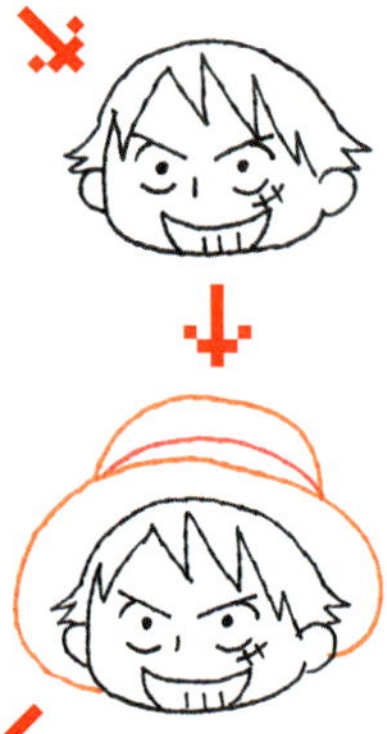

Ruffy

Wenn du die Augenbrauen gezeichnet hast, zeichnest du für die Augenlider das Hiragana »ko«*. Die Pupillen zeichnest du ein bisschen nach innen gerückt.

Zorro

Zeichne das doppelte Lid leicht abfallend und setze die Pupillen etwas nach oben.

Sanji

Wie bei Zorro kommt es auch hier auf das abfallende Doppellid an. Die Pupillen sind auch bei Sanji ziemlich weit oben.

Nami

Zeichne ihre Augen wie zwei große Nullen und füge Lider und Wimpern hinzu.

Robin

Zeichne zuerst das doppelte Lid und dann die Augen wie ein »U«.

Chopper

Zeichne die Augen ziemlich groß, sodass man das Augenweiß sehen kann. Mit deutlich gezeichneten Wimpern sieht er besonders niedlich aus.

Lysop

Zeichne die Augen so, dass sie die Brauen berühren, und füge unten drei lange Wimpern hinzu.

Frankie

Zeichne unter den Brauen zwei Halbkreise als Augen und füge drei Wimpern an jedem Auge hinzu.

Brook

Du kannst ihn beliebig variieren und den Körper auch mal weglassen!

Puma D. Ace

Das Merkmal von Ruffys Ziehbruder sind die Sommersprossen.

Lektion 10

Start!

Nachdem du den Hut gezeichnet hast, fügst du in der Hutmitte kleine rote Punkte hinzu, die zwei hellblaue Buttons einrahmen, der eine mit einem lachenden und der andere mit einem weinenden Gesicht. Sie werden ebenfalls mit einem roten Punkt verbunden.

Etwas unterhalb des Huts zeichnest du ein halbes Oval und die Ohren.

Füge die Brauen und die Haarspitzen hinzu.

Die Augen sind zwei kleine Ovale, der Mund ist länger als breit. Zeichne die Sommersprossen mit Braun.

Jetzt kommt der Rumpf und danach mit Rot die Kette und die Hutschnur mit dem Totenkopf.

Den Gürtel und das Innere der Flammen zeichnest du mit Orange, die Umrisse der Flammen mit Rot.

Für die Hose nimmst du Dunkelblau, fügst mit Hellblau die Tasche am linken Bein und mit Schwarz die Stiefel hinzu.

Ausmalen, und fertig.

Verschiedene Posen

In Kampfbereitschaft

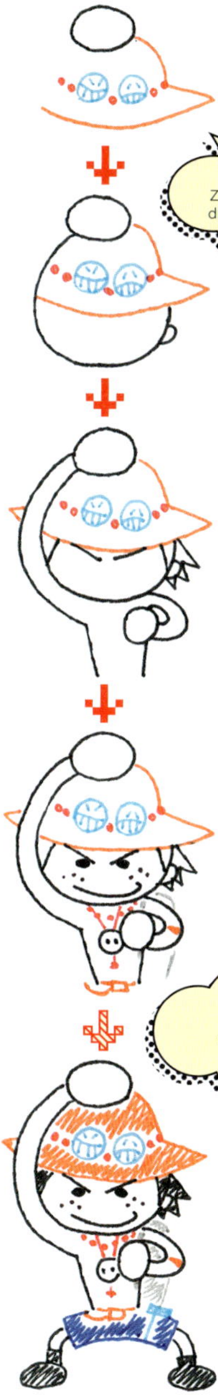

Denke beim Zeichnen des Huts an die Position der Hand.

Durch pralle Wangen zeigst du, dass er beim Essen eingeschlafen ist.

Satt

Kreuzfeuer

Da das Kreuz aus Feuer besteht, denk dran, keine geraden Striche zu zeichnen, sondern geschlängelte.

Trafalgar Law

Einer der Sieben Samurai der Meere. Seine Mütze mit dem Leopardenmuster ist cool.

Lektion 11

Start!

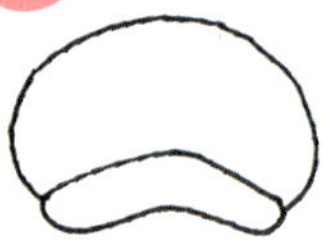

Zeichne den Mützenschirm und darüber einen aufgebauschten Halbkreis.

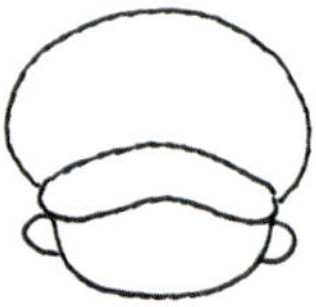

Zeichne das ovale Gesicht und die Ohren.

Als Nächstes zeichnest du die Brauen und den Mund und fügst dann mit Rot an beiden Ohren Ohrringe hinzu.

Zeichne die Augen, die Koteletten und den Bart und versieh die Mütze mit dem Muster.

Zeichne erst mit Dunkelblau den bauschigen Kragen unter dem Kopf und dann die Hände bei verschränkten Armen.

Das Oberteil ist dunkelblau, die Hose hellblau. Male die Hose aus.

Zeichne mit Braun die Schuhe und mit Blau das Muster der Hose.

Ausmalen, und fertig.

Verschiedene Posen

Willst du Ärger?

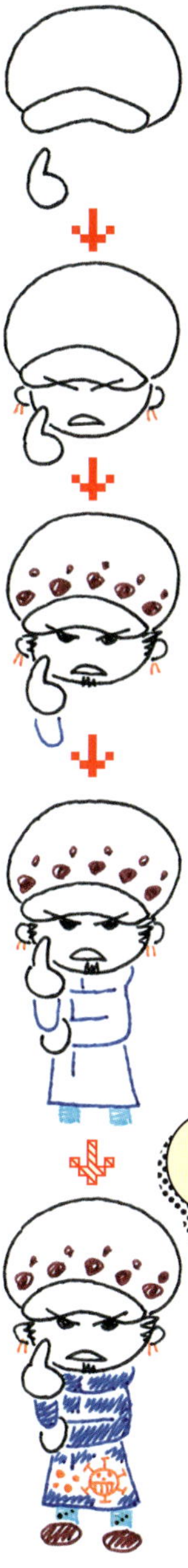

Das Enblem vergrößert

Vor zwei Jahren

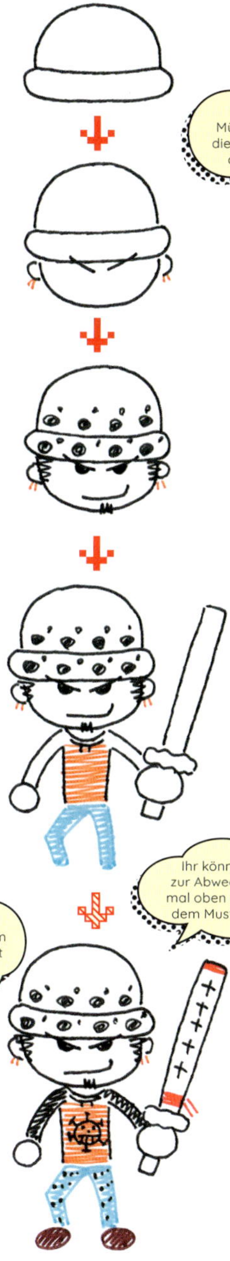

Ihr könnt die Mütze zur Abwechslung auch mal oben und unten mit dem Muster versehen.

Ohne Mütze

Wenn er keine Mütze trägt, sollten die Haare spitz nach oben abstehen.

Boa Hancock

Die sexy Piratenkaiserin mit der Traumfigur

Lektion 12

Start!

Zeichne den Scheitel, die Haare zu beiden Seiten und das Kinn.

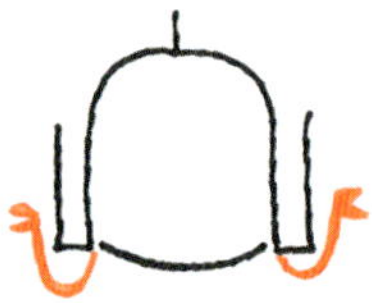

Dann zeichnest du von den Enden der Seitenhaare aus die Schlangenohrringe.

Ihre Augen sind oval, mit dicken Wimpern.

Zeichne einen kleinen roten Mund.

Für den Kragen nimmst du Orange, für das Oberteil, den rechten Arm und den runden Verschluss Rot.

Zeichne das Tal zwischen den Brüsten, den rechten Arm mit der auf die Hüfte gestützten Hand und das linke Bein wie das Hiragana »ku«.

Nun zeichnest du mit Rot die High Heels und den Rock und mit Violett den Umhang.

Ausmalen, und fertig.

Verschiedene Posen

Mero Mero Mellow

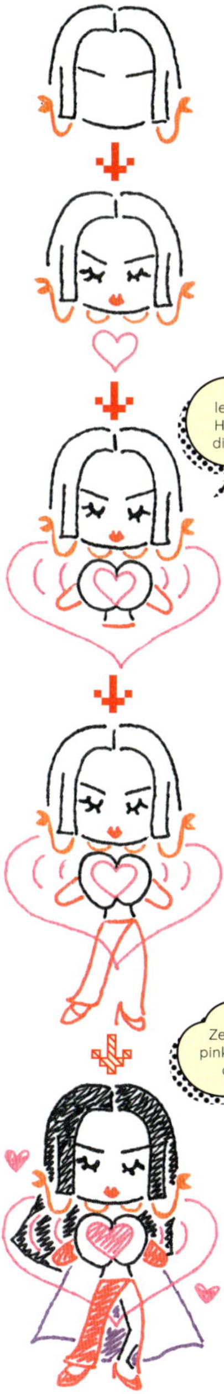

Die Form gelingt leichter, wenn du erst ein Herz zeichnest und dann die Hände passend dazu.

Liebeskrank

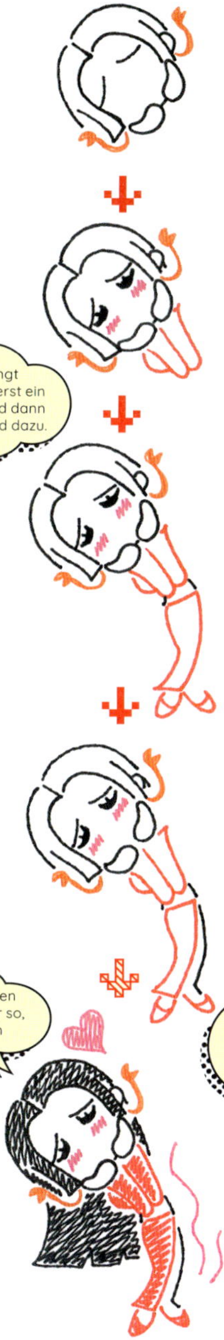

Zeichne ihre Wangen pink und den Körper so, als würde sie sich winden.

Super-Arroganz

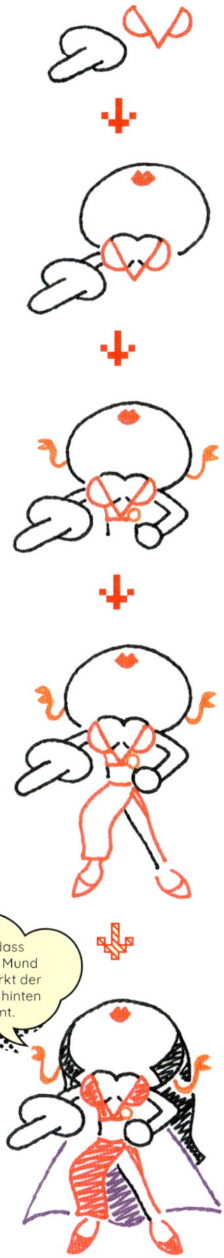

Dadurch dass du nur ihren Mund zeichnest, wirkt der Körper nach hinten gekrümmt.

Shanks

Ruffys Idol, der Käpt'n der Rothaar-Piratenbande

Lektion 13

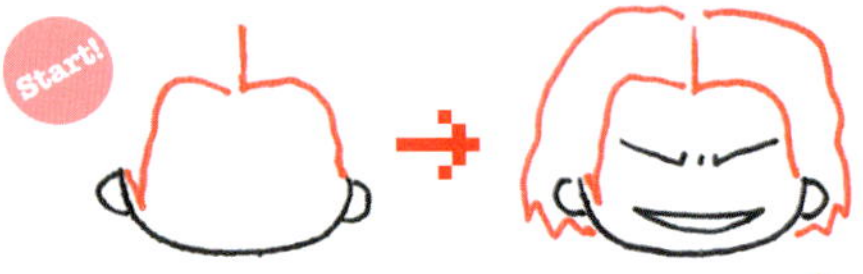

Tipp

Stell dir bei seinen Haaren einen Pagenschnitt vor. Denke daran, die rechte Seite des Körpers durch den Umhang zu verdecken, da er keinen rechten Arm hat.

Tipp

Wenn du das Schwert zeichnest, beginne mit der Hand. Dann kommt das Schwert und zum Schluss der Umhang.

Sabo

Ruffys Ziehbruder ist der Generalstabschef der Revolutionsarmee.

Lektion 14

Tipp

Das Muttermal an seinem linken Auge geht hinunter bis zum Mund. Es sieht aus wie ein schmales Dreieck.

Tipp

Die Drachenkralle der rechten Hand zeichnest du mit Braun, die Flamme in der linken Hand mit Rot und Orange.

De Flamingo

Der ruchlose Pirat mit dem grellen Style. Mitglied der Sieben Samurai der Meere.

Lektion 15

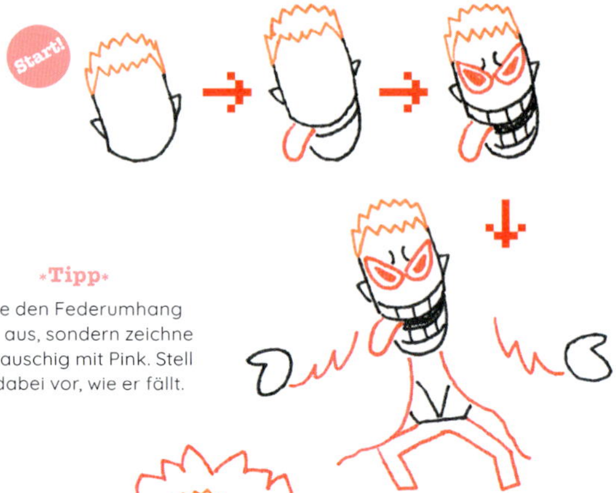

Tipp

Male den Federumhang nicht aus, sondern zeichne ihn flauschig mit Pink. Stell dir dabei vor, wie er fällt.

Tipp

Denk dir einen Vogel, der seine Flügel ausbreitet und losspringt. Insgesamt bekommt der Umhang die Form eines Herzens.

Bon Curry

Der überkandidelte Agent beherrscht die Transen-Kampfkunst.

Lektion 16

Start!

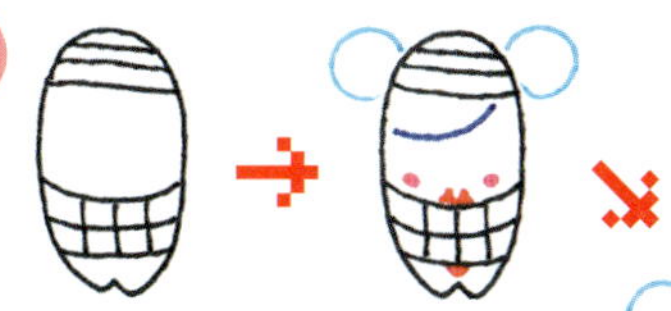

Tipp

Sein Kopf ist ein längliches Oval, das Kinn ist zweigeteilt. Für die Haare zeichnest du drei Striche.

Start!

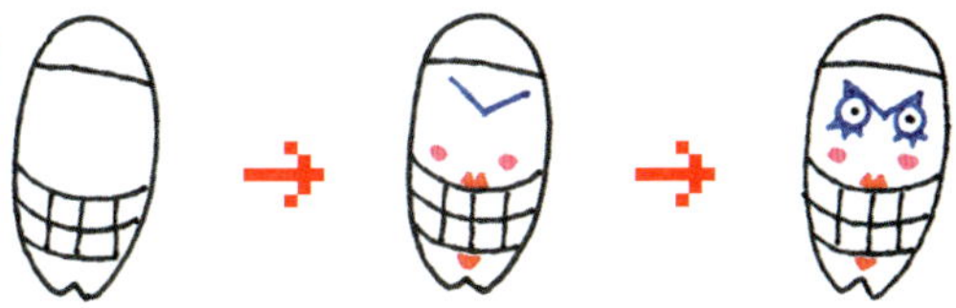

Tipp

Wenn du die Fußspitze des angehobenen Beins etwas nach innen zeichnest, sieht er noch transenmäßiger aus.

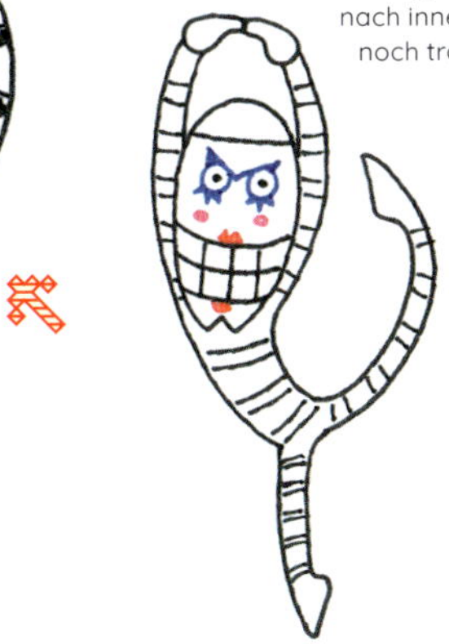

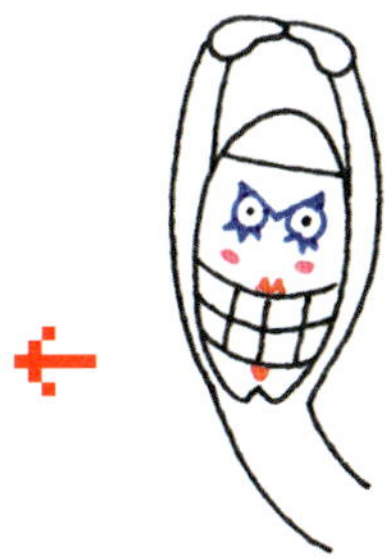

Buggy

Der, nun ja, große Pirat mit dem Clownsgesicht liebt es zu prahlen

Lektion 17

Tipp

Achtung: Die Augenpartie ist sehr detailliert.

Tipp

Augen und Mund springen hervor, deshalb zeichne besser erst die einzelnen Teile des Gesichts.

Peron

Die Geisterprinzessin mit den niedlichen Gothic-Lolita-Kleidern

Lektion 18

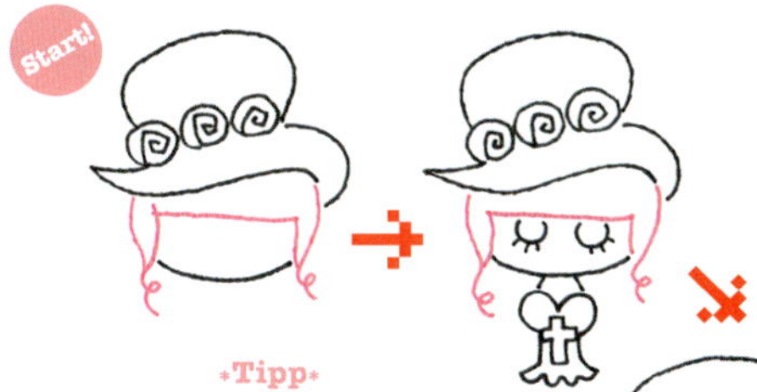

Tipp

Wenn du beim Hut erst die Rosen in der Mitte und dann erst die äußeren Umrisse zeichnest, bekommst du die Form leichter hin.

vor zwei Jahren

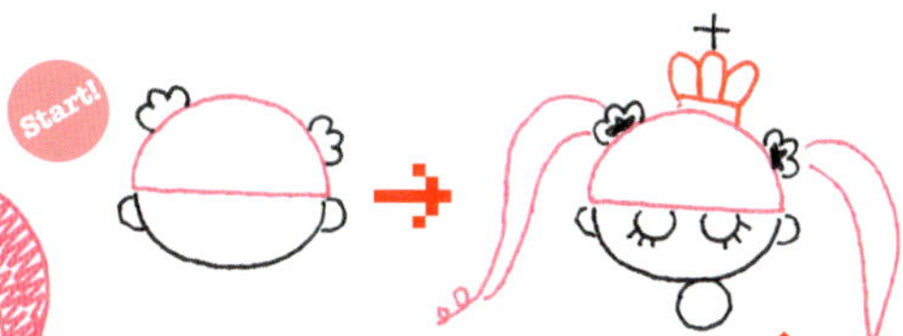

Tipp

Nimm beim Zeichnen des Gesichts für die eine Hälfte Pink (das werden die Haare) und für die andere Schwarz.

Bartolomeo

Der von Ritterlichkeit nur so strotzende Ruffy-Fan

Lektion 19

Tipp

Zeichne in den oberen Teil des Gesichts ein Kreuz für die Augenbrauen und in den unteren Teil den Mund.

Tipp

Vergiss das Tattoo auf seiner Brust nicht.

Mihawk

Der große Schwertkämpfer mit dem Beinamen »Falkenauge«. Mitglied der Sieben Samurai der Meere.

Lektion 20

Tipp

Da er Falkenauge heißt, zeichne seine Augen als auf dem Kopf stehendes Dreieck, was ihm einen scharfen Blick verleiht.

Crocodile

Der ehemalige Dirketor einer grausamen und verbrecherischen Geheimorganisation.

Lektion 21

Tipp

Die Narbe ist genau in der Mitte des Gesichts. Zeichne erst die Augenbrauen über die Augen und dann die vertikalen Falten.

Shirahoshi

Die riesige Prinzessin des Fischmenschenreiches ist eine kleine Heulsuse.

Lektion 22

Tipp

Wenn du die einzelnen Teile des Gesichts ziemlich weit unten platzierst, sieht sie besonders niedlich aus.

Megalo

Shirahoshis geliebter Hai trägt lustige T-shirts.

Lektion 23

Tipp

Das T-shirt wird als Letztes gezeichnet, deshalb achte darauf, dass die Umrisslinien unterbrochen sind.

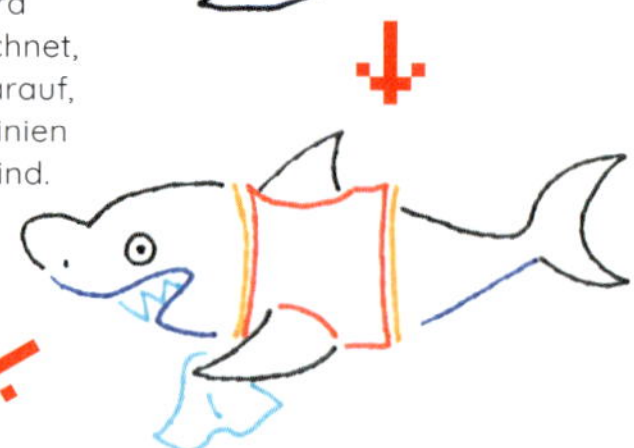

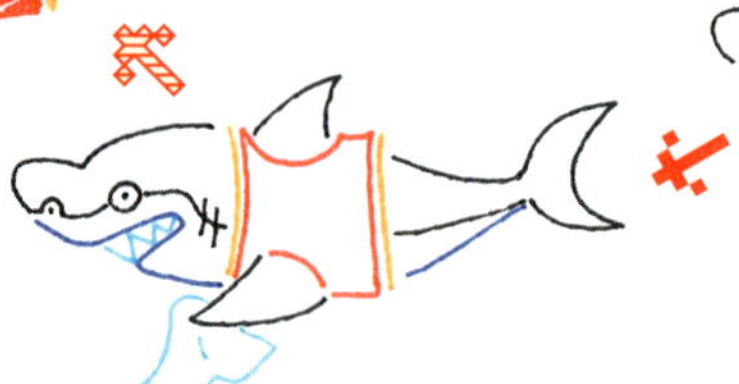

Eustass »Captain« Kid

Gehört zur »schlimmsten Generation« und ist ein ruchloser, grausamer Pirat.

Lektion 24

Tipp

Mit Narben im Gesicht und einem großen lachenden Mund sieht er besonders Kid-mäßig aus.

Ivankov

Die Königin (?!) von Kamabakka hat einen extrem großen Kopf.

Lektion 25

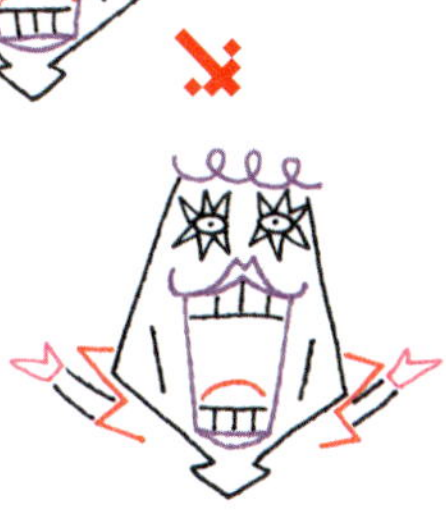

Tipp

Um die Größe seines Gesichts zu betonen, zeichne seine Hände und Füße ziemlich klein.

Senghok

Die Kennzeichen des ehemaligen Großadmirals der Marine sind die Möwe auf dem Kopf und der Kinnbart.

Lektion 26

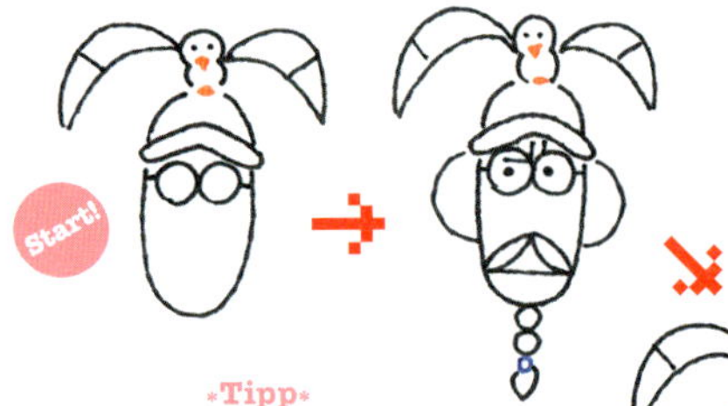

Tipp

Zuerst zeichnest du zwei vertikale Falten in der Stirnmitte und fügst dann nur auf einer Seite einen horizontalen Strich als Augenbraue hinzu.

Aokiji

Der ehemalige Admiral der Marine mit der unentbehrlichen Schlafmaske.

Lektion 27

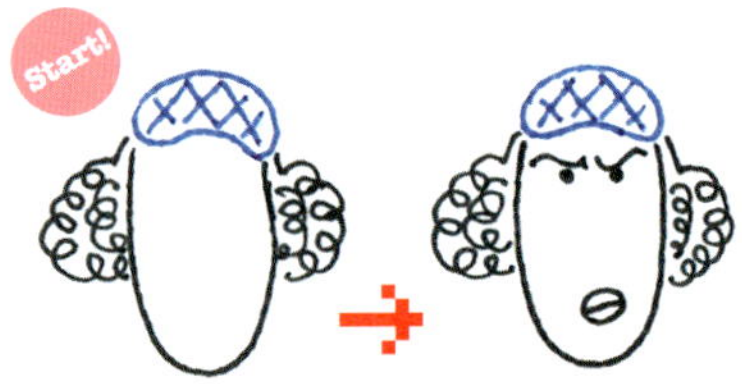

Tipp

Wenn du die Augen und Augenbrauen ziemlich weit oben zeichnest, wirkt sein Gesicht noch länger.

Kizaru

Der Admiral des Marinehauptquartiers mit dem gelben Anzug ist ein begabter Heuchler.

Lektion 28

Tipp

Mit Gelb gezeichnet wäre der gestreifte Anzug zu undeutlich, deshalb nimmst du dafür besser Orange.

Akainu

Der Großadmiral im Marinehauptquartier ist ein eisenharter Verfechter der absoluten Gerechtigkeit.

Lektion 29

Tipp

Wenn du den Anzug gezeichnet hast, malst du ihn erst mit Rot aus und zeichnest dann die Knöpfe.

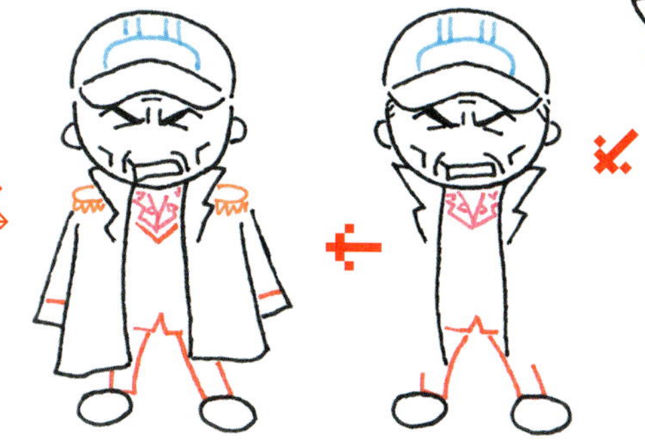

Smoker

Der Vizeadmiral der Marine ist ein starker Raucher und einsamer Wolf.

Lektion 30

Start!

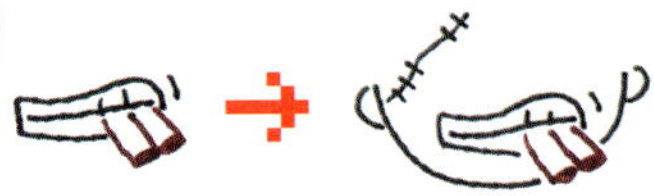

Tipp

Zeichne erst zwei Zigarren, dann den Mund, und danach das ganze Gesicht.

Garp

Der ehemalige Vizeadmiral im Marinehauptquartier ist Ruffys Großvater.

Lektion 31

Start!

Tipp

Zeichne das Gesicht und den Bart etwa gleich groß, und vergiss die Falten auf seiner Stirn nicht.

KAPITEL 2

BILDER KOMPONIEREN

Charaktere kombinieren

Achte bei den Größen der Charaktere auf die Balance.

Lektion 32

Ruffy und Ace

Zeichne ihre Beine in der Mitte größer, sodass es aussieht, als wären sie weiter vorne.

Ruffy und Chopper

Wenn der Mund aus den Umrissen des Gesichts herausschaut, fang beim Zeichnen mit dem Mund an.

Die Begegnung zwischen Ruffy und Shanks

Da du den Strohhut unter Shanks Hand zeichnen musst, fängst du mit der Hand an.

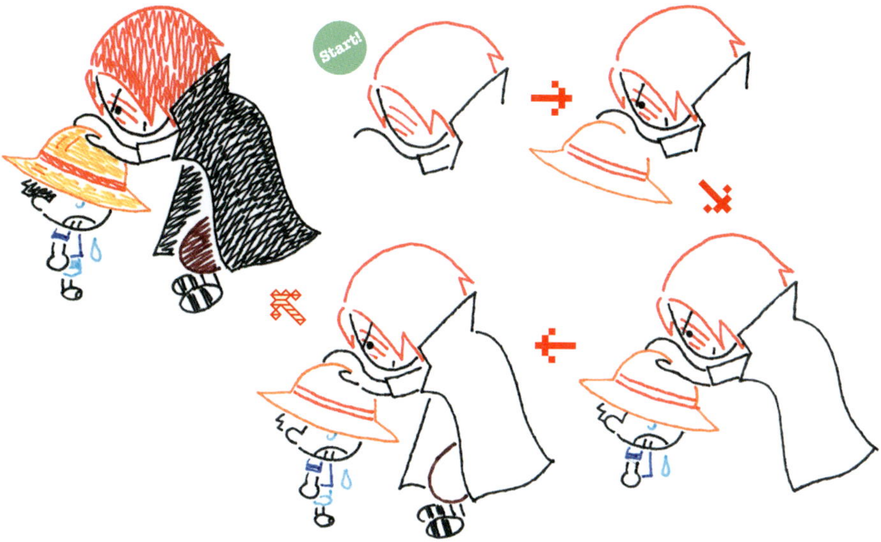

Ruffy, Ace und Sabo als Kinder

Am einfachsten ist es, wenn du sie in der Reihenfolge Ace, Sabo, Ruffy nacheinander zeichnest.

Chopper und Law

Hier kommt es darauf an, dass Chopper schwach wirkt und Law die Augen verdreht.

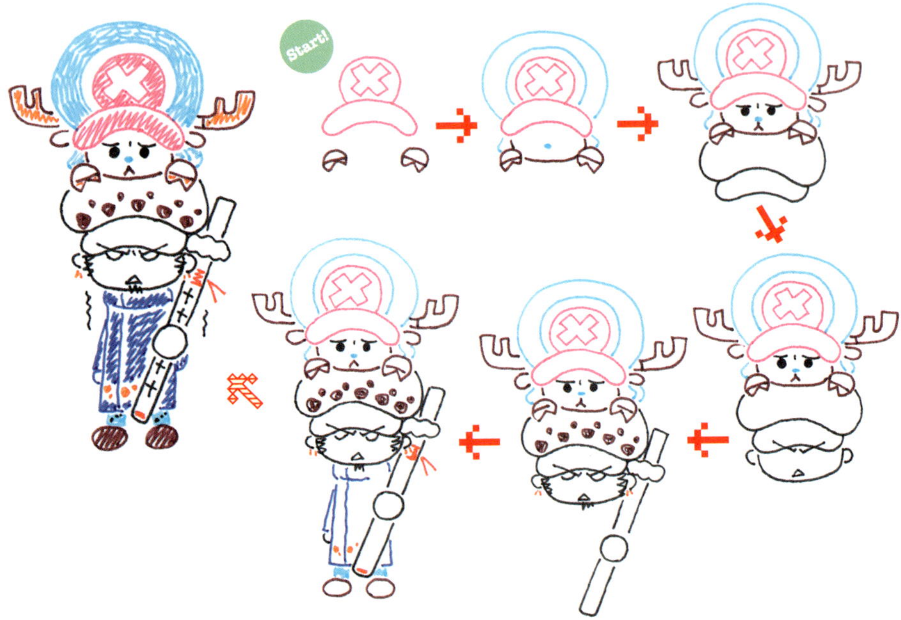

Zorro und Sanji

Zeichne bei Sanji zuerst die Haare. Wenn du mit Zorros Umrissen anfängst, sind ihre Positionen leichter festzulegen.

Nami und Vivi

Nami trägt das Outfit aus der Alabasta-Episode und dazu einen Pferdeschwanz.

Lysop und Robin

Indem du Lysops Mund als großes Viereck zeichnest, erzielst du einen schönen Kontrast zu Robins ausdrucksloser Miene.

Lektion 33

Zur Jahreszeit passende Zeichnungen

Du kannst die Oufits nach deinem Geschmack variieren!

Frühling

Sommer

Herbst

Winter

Dekoration/ Rahmen

Probiere es mal mit einer Umrahmung für deine Message!

Lektion 34

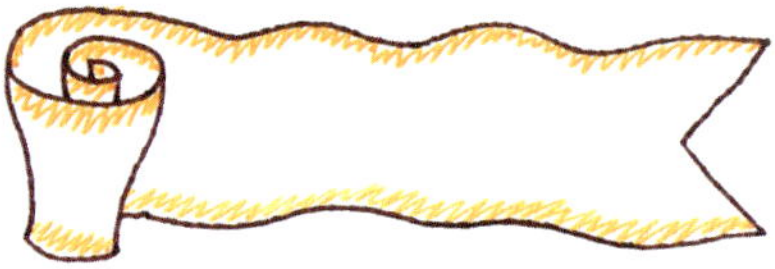

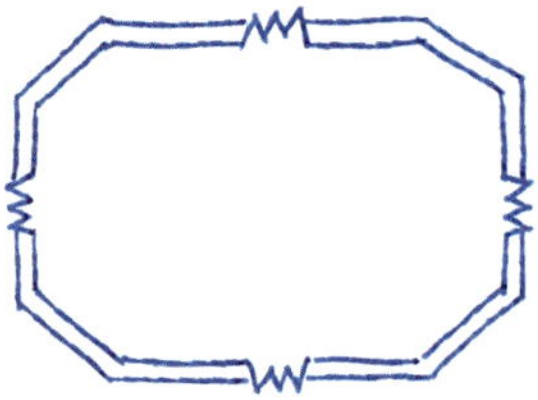

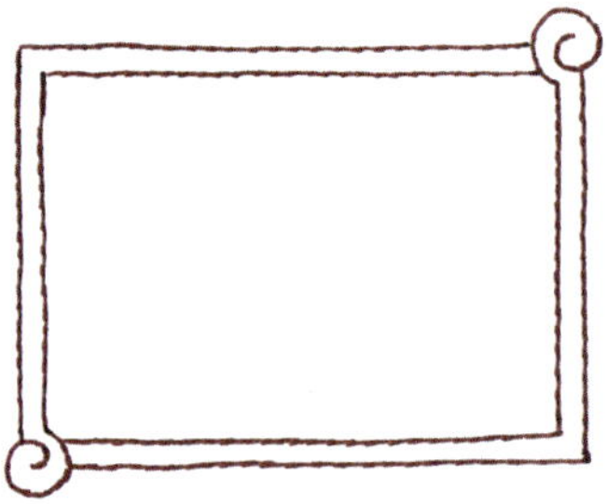

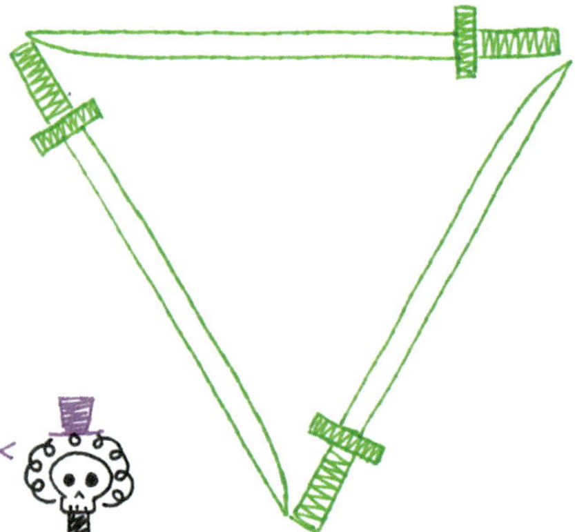

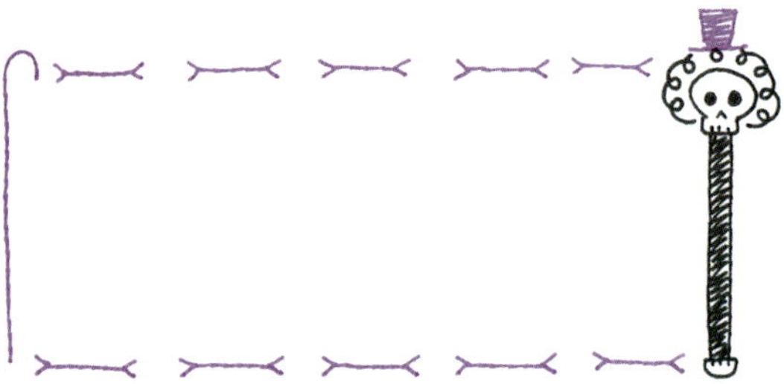

WANTED
DEAD OR ALIVE
฿ ,000,000,000

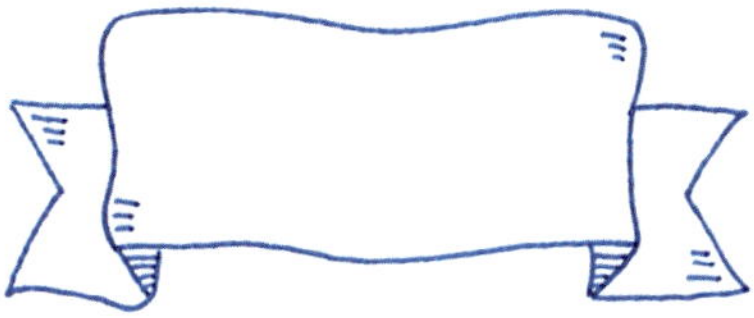

THANK YOU
DEAR

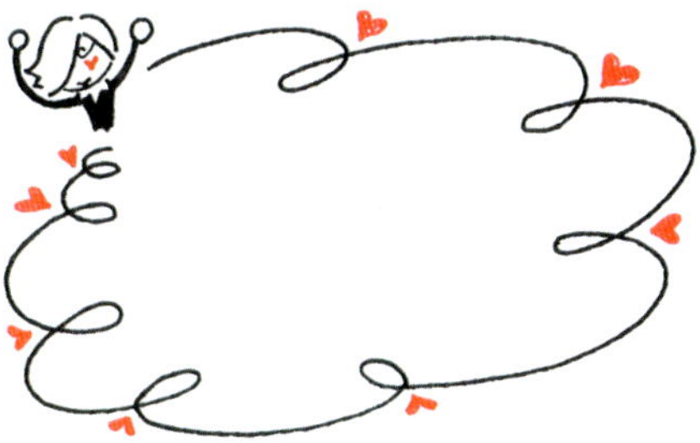

Schrift/Icons

Damit werden deine ONE PIECE-Zeichnungen noch authentischer.

Lektion 35

Teufelsfrüchte

die Gum-Gum-Frucht

die Feuer-Frucht

Das Logo

Icons, Schrift

KAPITEL 3

MUSTER ZUM NACHZEICHNEN

Eigene Variationen auszuprobieren macht auch Spaß ♪

Geburtstag

HAPPY
BIRTHDAY
DEAR

HAPPY BIRTHDAY!

DEAR

Herzlichen Glückwunsch
zum Geburtstag

GLÜCK-
WUNSCH
ZUM
GE-
BURTS-
TAG
!!!

Neujahrskarten

Sommerkarten

Kindergarten, Schule

CONGRATULATION!

Umzug

Valentinstag

Sportfest

TRILLER
AUF DIE PLÄTZE, FERTIG
SPORT-FEST
ZICKE ZACKE
Gib alles!
SCHIE-BUNG!
SPORTFEST
Monat Tag
Ort
GIB AL-LES!

HAPPY HALLOWEEN
TRICK OR TREAT
HALLOWEEN PARTY
TRICK OR TREAT

Weihnachten

Tiere

Verschiedene Grußkarten

LASS UNS FÜR IMMER FREUNDE BLEIBEN!

UNSERE FAMILIE IST GRÖSSER GEWORDEN!

DANKE!

TUT MIR LEID, DASS ICH ES VERGESSEN HABE
ÄHM ...
?
?
?

ENTSCHULDIGUNG
...

Icons für das Notizbuch

Date

Essen

Telefonieren

Tag, an dem man Gehalt oder Taschengeld bekommt

Urlaub

deprimiert

Arzt

Feiertag

Zahnarzt

Tag, auf den man sich freut

Verabredung

Was mach ich?

Frisör

Unangenehmer Tag

Geburtstag

Super Tag

Karaoke

Mit Freunden verabredet

Mit Senpai verabredet

Lernen oder Kurs

Zum Essen eingeladen

Wichtiger Tag

Shopping

Geschenk

OK!

No!

Gib alles

Süßigkeiten

Lüge

Film schauen

Konzert

Funkel

Flying Merry, Thousand Sunny

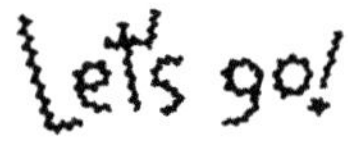

Chopperman

ICH BIN AUF
DEINER SEITE!!

HAU REIN!

HERZLICHEN
GLÜCKWUNSCH

LASS
UNS
ES-
SEN
GE-
HEN

ICH BERICHTE!

BRING EIN
BENTO MIT!!

LET'S
PARTY

CARLSEN MANGA
Deutsche Ausgabe/German Edition

Aus dem Japanischen von Antje Bockel
BALL-PEN DE KAKERU! ONE PIECE KANTAN ILLUST GUIDE

First published in Japan in 2015 by SHUEISHA Inc., Tokyo.
German translation rights in Germany, Austria, Luxembourg and
German-speaking Switzerland arranged by
SHUEISHA Inc. through VME PLB SAS, France.
Redaktion: Anne Berling

Bei Fragen zum Produkt: carlsen.de/kontakt
ISBN: 978-3-551-02589-0